智库丛书
Think Tank Series
中国—中东欧国家智库系列

中国和中东欧国家人文交流
过去、现状和前景

■ 黄 平 刘作奎 主编 ▪

中国社会科学出版社

图书在版编目（CIP）数据

中国和中东欧国家人文交流：过去、现状和前景／黄平，刘作奎主编 . —
北京：中国社会科学出版社，2017. 8
（智库丛书）
ISBN 978 - 7 - 5203 - 0817 - 5

Ⅰ. ①中… Ⅱ. ①黄…②刘… Ⅲ. ①中外关系—文化交流—研究—
欧洲 Ⅳ. ①G125

中国版本图书馆 CIP 数据核字（2017）第 187367 号

出 版 人 赵剑英
责任编辑 张 潜
责任校对 杨 林
责任印制 王 超

出 版 中国社会科学出版社
社 址 北京鼓楼西大街甲 158 号
邮 编 100720
网 址 http://www.csspw.cn
发 行 部 010 - 84083685
门 市 部 010 - 84029450
经 销 新华书店及其他书店

印 刷 北京君升印刷有限公司
装 订 廊坊市广阳区广增装订厂
版 次 2017 年 8 月第 1 版
印 次 2017 年 8 月第 1 次印刷

开 本 710×1000 1/16
印 张 9
插 页 2
字 数 90 千字
定 价 39.00 元

目　录

16+1智库网络在推动中国和中东欧国家相互理解上发挥重要作用[*]

蔡昉，中国社会科学院副院长、16+1
智库网络常务副理事长

尊敬的达契奇副总理、刘海星部长助理、各位来宾，女士
们、先生们：

大家上午好！

今天，由中国社会科学院和外交部中国—中东欧国家
合作秘书处共同主办的"中国—中东欧国家智库研讨会暨
中国—中东欧国家人文交流年闭幕式"在中国社会科学院
隆重举行。在此，我谨代表中国社会科学院和16+1智库
交流与合作网络，向出席闭幕式的中东欧各国驻华使节和
中方各位领导、来宾表示热烈的欢迎！

2014年12月，李克强总理在出席第三次中国—中东欧

　＊　本文为蔡昉在"中国—中东欧国家智库研讨会暨中国—中东欧国家人文
交流年闭幕式"上的欢迎词。

国家领导人会晤暨贝尔格莱德峰会期间,正式提出了关于"中方支持建立中国—中东欧国家智库交流与合作中心"的重要指示。一年后,在第四次中国—中东欧国家领导人会晤后共同发布的《中国—中东欧国家合作苏州纲要》中明确表示,"欢迎中国社会科学院牵头组建 16 + 1 智库交流与合作网络"。作为中国与中东欧国家间的国际性智库协调机制与高端交流平台,自成立以来,16 + 1 智库交流与合作网络始终致力于整合来自中国社会科学院、中国国内和中东欧 16 国智库的优势资源,认真贯彻新型智库建设,积极配合与推动"16 + 1 合作"、中欧伙伴关系、"一带一路"倡议等。在过去的一年中,16 + 1 智库交流与合作网络紧密依托中国社会科学院的学科优势、人才优势,以及与国内外智库和学术机构密切交往关系,在促进中国—中东欧智库交流与合作的机制化建设,加强我院各研究机构及国内相关智库同中东欧智库的交流与合作,为"16 + 1 合作"提供智力支持等方面均取得了令人瞩目的成绩。

在刚刚过去的 11 月,中国—中东欧国家领导人第五次会晤在拉脱维亚里加举行,国务院总理李克强与来自中东欧 16 国的领导人进行了会晤。会议期间,与会各方一致认为,自 2012 年启动以来,中国—中东欧国家合作取得了一系列积极进展和良好成果,《中国—中东欧国家合作中期规划》得到了中东欧国家的高度评价与积极响应,《中国—中东欧国家合作苏州纲要》中的各项内容也得到了较好的推进与落实。在此基础之上,本着"互联、创新、相融、共济"的共识，"16＋1 合作"各方共同制定并发布了《中国—中东欧国家合作里加纲要》。《里加纲要》的发布，不仅标志着中国—中东欧合作业已进入成熟期和收获期，更向全世界有力地展示了中国—中东欧合作旺盛的活力与良好的发展前景。

女士们、先生们、朋友们："国之交在于民相亲，民相亲在于心相通。"在政治、经贸合作稳步推进的同时，人文交流始终在中国和中东欧十六国间发挥着积极的建设性作用。在过去的近 5 年中，我们不仅共同经历了"16＋1 合作"框架由小到大、由浅入深的成长历程，更亲自见证了"16＋1 合作"对于促进中国—中东欧间各领域合作尤其是人文交流合作的重要性。一直以来，人文交流都是中外文明互鉴的重要渠道，是推动国际关系发展的重要力量，是实现国与国关系良性发展的重要基础。人文交流作为"16＋1 合作"机制的重要内容和支柱之一，不但承载着中国和中东欧各国人民的深情厚谊，更是推动各国间开展务实合作的有力抓手。

有鉴于此，2015 年 11 月，中国和中东欧 16 国政府领导人在第四次中国—中东欧国家领导人会晤期间，共同做出了将 2016 年确定为"中国—中东欧国家人文交流年"的重大决定。2016 年 2 月，中国—中东欧国家人文交流年活动在北京正式启动。该项活动由中国—中东欧共 17 个成员国联合举办。这不仅是中欧友好交往史上的一大创举，更是对当今世界各国间开展人文交流实践的有益探索和积极贡献。

对于中国—中东欧合作而言，即将过去的 2016 年注定是不同寻常的一年。中国国家主席习近平先后访问了三个中东欧国家，这在中国与中东欧国家交往史上是史无前例的。在此推动下，通过各方的共同努力，2016 中国—中东欧国家人文交流年活动取得了一系列积极成果。数据显示，在本次人文交流年期间，双方在文化、旅游、媒体、教育、科技、智库等十多个领域共计举办大型双边或多边交流活动 40 余项。从 2016 年年初的"欢乐春节"系列活动，到各类艺术、人文、智库交流与合作项目，本次人文交流年活动可谓硕果连连、亮点频现。尤其值得一提的是，作为落实 2015 年《中国—中东欧国家合作苏州纲要》以及布局 2016 年《里加纲要》的重要一环，本次举办的"中国—中东欧国家智库研讨会"无疑从智库合作的层面为中国与中东欧国家的人文交流助推加力，具有承前启后的非凡意义。

同时，作为本次会议的主办方和 16＋1 智库网络的所在单位，中国社会科学院也期待能够进一步建立并加强与中东欧各国智库及学术机构间的实质性合作。为此，中国社会科学院及其 16＋1 智库交流与合作网络正在积极筹划与有意愿的中东欧国家智库、学术单位合作建设新型智库研究机构或平台，进而从智库的角度更好地为"16＋1 合作"提供智力支持。在此，我们期待并欢迎更多的中东欧国家智库、学术机构参与上述合作，共同推动中国—中东欧国家合作机制的进一步发展。

女士们、先生们、朋友们：当前，国际局势复杂多变，世界经济的复苏前景仍不十分明朗，全球范围内各种不稳定性因素依旧在持续增多，这些都给各国的发展带来了空前严峻的挑战。同时，我们也应看到，新形势下，各国之间的共同利益和相互需求总体上不是在减少，而是在不断增加。未来，对于中国—中东欧国家合作而言，继续携手推进"16＋1合作"向更大范围、更宽领域、更高层次发展，不仅将更多地造福中国和中东欧人民，也必将有利于促进世界的和平与发展。在此，我衷心地希望，我们的新型智库能够与各国智库一道，把握当前中国—中东欧合作的历史性机遇，共同开展在各领域内的联合研究，共同传播合作理念，相互借鉴，不断创新，为促进世界经济和文明的繁荣发展贡献我们的智慧与力量！

最后，我再次代表中国社会科学院，向为组织筹办此次会议的各单位同志们和朋友们表示诚挚的谢意！预祝本次活动取得圆满成功！

谢谢大家！

商贸促进与中国和中东欧国家合作[*]

吴蒙，中国国际商会合作发展部副部长

尊敬的霍玉珍大使、黄平所长、科斯泰亚大使、尤尔佐瓦副馆长，各位使节及专家，女士们、先生们：

大家下午好！很感谢中国社会科学院的邀请，有机会在这里共同出席中国—中东欧国家智库专题研讨会暨"16＋1"智库网络理事会年会。首先，我谨代表中国贸促会、中国国际商会及中国—中东欧国家联合商会中方理事会，对大会的召开表示热烈祝贺！

霍大使介绍了里加会晤及其重要意义，表示对"16＋1合作"的前景充满信心，充分肯定了"16＋1合作"的走向。作为中国—中东欧国家联合商会中方100多家理事的代表，我赞同两位大使的观点，也感谢中国—中东欧国家秘书处发挥的重要作用以及为工商界在中东欧地区的投资

---

[*] 本文为吴蒙在中国和中东欧国家智库研讨会上的讲话。

合作指明了方向。

首先，中国和中东欧都是新兴市场，双方互补性强，拥有广阔的合作空间。"16＋1合作"是中国与中东欧国家友好合作的创新举措，中东欧国家是最早响应和支持"一带一路"倡议的地区。五年来，在我们的共同努力下，"16＋1合作"日趋成熟、渐入佳境，并且展现出强大的生命力和竞争力，从基础设施到高端装备、从金融合作到相互投资，中国与中东欧经贸合作的广度与深度不断延展。中国—中东欧国家经贸合作已成为国际和地区舞台的一抹亮色。

其次，中国与中东欧国家领导人均对"16＋1合作"非常重视。双方高层往来频繁，为深化中国与中东欧国家经贸关系全面深入发展指明了新方向、描绘了新蓝图、注入了新动力，为双方企业合作带来重大历史机遇，推动了双方若干重大项目的落地。

最后，中国中东欧机制合作建设在中方的推动下已趋成熟，合作领域涉及贸易投资，互联互通，产能、产业及科技，金融，农林，人文交流，地方合作，卫生等方面。每年的双边活动精彩纷呈，据官方统计，2016年各单位执行《中国—中东欧国家合作苏州纲要》相关举措达40余项。2016年，中国贸促会、中国国际商会出访中东欧国家团组近10次，接待来访的中东欧团组也有十余次。

鉴此，"16＋1合作"机制建设是一项宏大系统工程，需要稳扎稳打、步步为营，锲而不舍、久久为功。

近年来,中国贸促会、中国国际商会致力于推动建设有重点、多层次、多渠道的机制交流合作网络。目前,中国国际商会合作发展部负责中国贸促会 177 个多/双边工商合作机制的秘书处工作,如 APEC 中国工商理事会、B20 中国工商理事会、上合实业家委员会、中国—拉美企业家理事会等。这些机制已基本覆盖各经济大国、区域强国和新兴市场国家。中国贸促会、中国国际商会积极参与"16 + 1 合作"建设。经过两年多的努力,我们完善了与中东欧国家和地区的多/双边工商合作机制,与中东欧 16 国中的 14 国签署了双边的合作协议。我们愿意与各成员协同配合,共建渠道、共搭平台,形成工作合力,实现优势互补与合作共赢。

"十三五"时期是"一带一路"建设全面实施的关键阶段,也是中国与中东欧 16 国经贸合作的成熟期。在刚刚结束的里加峰会中,各国领导人、工商界代表也针对"16 + 1 合作"总结了合作的成果,提出了新的见解,指出了遇到的问题。为此,中国国际商会、中国—中东欧国家联合商会中方理事会也将加大工作力度,在经贸领域积极推动"16 + 1 合作"。

一是搭建工商合作平台,推动企业务实合作。

中国—中东欧国家联合商会是中国—中东欧合作框架下的重要组成部分,也是贸促会、商会在中东欧地区服务企业、沟通中外的重要载体。自 2014 年成立以来,联合商会积极落实"16 + 1"领导人会晤成果,大力推动经贸团体的互访交流，为促进中国与中东欧国家之间经贸与投资往来发挥了重要作用。2016 年 7 月，在中国贸促会、中国国际商会会长姜增伟的积极推动下，在外交部、商务部的大力支持下，中国—中东欧国家联合商会中方理事会在北京成立。

中方理事会吸纳了 100 余家对中东欧市场有着浓厚兴趣的中国行业领军企业。理事会主席由中国建设银行董事长王洪章担任，副主席由中国国电、中国能源建设、中铁、中兴通讯、华信能源五家公司高管担任。我会将继续利用此平台，组织企业进行访问考察、政策研讨、商界对话、项目对接、培训交流，帮助企业寻求更多贸易和投资机会，分享最佳实践经验。

二是畅通中外信息交流渠道，推动建立中东欧国家工商理事会。

2016 年 11 月，在里加举行的中国—中东欧国家联合商会第三次会议上，中方提议建立中东欧国家工商理事会，得到了执行机构波兰企业发展局以及中东欧十六国工商机构的积极认可。中外方互建相对应的工商理事会，将有利于双方共同开展团组互访、市场考察，企业对接、人员培训、法律咨询等方面的深度合作，并帮助双方企业及时寻找分销渠道、开拓市场，项目合作、信息分享等多层面的对接架构，推动经贸促进工作朝多层次方向发展。

三是开展调研，积极参与政策制定和对外磋商。

针对工商界企业近年来在与中东欧合作中面临的困难，

联合商会中方理事会将围绕经贸合作中的热点、焦点和难点问题不定期发布专题研究报告，提出意见建议；通过行业对话磋商发现和化解潜在纠纷和摩擦，发挥自律和协调作用；通过多种途径开展公关游说，宣传多双边经贸合作成就，传递企业关切，为企业合作争取有利环境。同时，中方理事会将积极向政府反映贸易和投资合作中的问题及企业诉求，提出意见建议，寻求解决的办法。

四是建立中国—中东欧国家联合商会中方理事会专家指导委员会。

作为中国—中东欧国家联合商会体系工作计划的重要内容，我们将在联合商会框架下推动成立专家指导委员会，为双方工商企业界的交流与合作提供政策指导。我想借今天的这个盛会，邀请外交部、商务部、中国社会科学院，各位领导及专家加入中国—中东欧国家联合商会中方理事会专家指导委员会，为理事会工作给予专业指导。谢谢大家的支持。

最后，预祝本次会议圆满成功，谢谢大家。

交通促进中国—中东欧国家合作行稳致远

罗萍，国家发展和改革委员会综合运输研究所主任

尹震，国家发展和改革委员会综合运输研究所副主任

2016 年 11 月 5 日，第五次中国—中东欧国家领导人会晤在拉脱维亚里加举行，发表了《中国—中东欧国家合作里加纲要》和《关于开展亚得里亚海—波罗的海—黑海三海港区基础设施、装备合作联合声明》。五年来，中国—中东欧国家合作保持了旺盛的活力，提升了 17 国之间合作的深度和广度，已进入成熟期和收获期。交通互联互通是永恒的主题，是深化经贸、产能、人文合作的重要支撑，也是推动中国—中东欧国家合作行稳致远的重要基石。

一　五年回顾与展望

五年来，交通领域合作日新月异，成果丰硕。基础设

施合作开花结果:贝尔格莱德大桥、E763 高速公路、黑山南北高速、匈塞铁路、巴尔—贝尔格莱德铁路升级改造、里加港煤炭码头搬迁等一批合作项目完成或落实。航线航班不断扩展,海上集装箱航线网络拓展加密、中欧陆海快线开通运营,开通了上海—布拉格、成都—布拉格、北京—华沙民航直航航班。中欧快线发展壮大,累计开行 2000 多列、运行线超过 40 条,其中途经或直达中东欧地区的运行线十多条。合作平台从无到有,成立了中国—中东欧国家交通基础设施合作联合会和中国—中东欧国家物流合作联合会。

当然,我们也要充分认识到基础设施投资规模大、见效慢、回报低的固有特性。尤其是既面对中东欧国家运输需求相对较小和基础设施改造升级压力大的双面性,又面临欧盟权能和国家财力的双重约束,基础设施合作风险与机遇共存。

展望未来,我们要抓住中国—中东欧国家紧密合作的战略机遇期,继续坚持开放包容、互利共赢、共同发展的宗旨,正视困难、加强对话、共商共建共享,树典范、畅网络、推融合、强平台、创机制,推动交通领域合作迈上新台阶,促进中国—中东欧国家合作行稳致远。

二 树典范,推进基础设施建设改造

交通运输业的属性决定了其在国民经济中的基础性、先导性作用，中国有一句谚语"要想富、先修路"，正是其形象的概括。当前，中东欧国家的交通运输网络空间布局已经基本完成，但基础设施普遍年久失修、设备老化，网络及设施技术水平较差，现代化水平已经不能适应其经济社会发展的需要，正处在基础设施建设改造的关键时期。以铁路为例，中东欧国家铁路平均复线率和电气化率仅有 26.1% 和 43.6%，远低于中国的 52.9% 和 60.8%；目前尚无一条高速铁路，客运、货运平均时速分别仅有 40 公里/小时和 20 公里/小时。而中国改革开放近 40 年来，在交通基础设施领域积累了大量丰富的成功经验，在陆桥、港口、高速铁路等咨询设计建造方面拥有世界一流的技术和人才储备。

总而言之，双方合作有基础、有需求，贝尔格莱德大桥已经在中东欧国家树起典范，要进一步对接双方合作需求和合作模式，建立合作项目库，推进一批、储备一批、谋划一批。在合作项目选择上，可以将列入欧洲战略投资计划和欧盟凝聚资金的中东欧国家交通项目作为双方优先合作重点，开展项目前期和商务谈判，成熟一个、推进一个；在合作模式上，优先开展工程承包建设，积极推动"工程建设＋融资"，并对有条件的项目探索"工程建设＋融资＋运营"合作方式。

三 畅网络，扩大经贸人文交流合作

"一带一路"倡议"贸易畅通""民心相通"，也是中国—中东欧国家合作的重要内容。2016 年前三季度双方贸易总额达 430 亿美元、双向旅游人数突破 100 万人次。中国和中东欧国家相隔万里，畅通的互联互通网络是推进双方经贸人文合作的重要支撑。海上航线航班网络、陆上中欧快线和空中航线，共同架起了双方交流合作的立体交通大通道。

海上航线航班覆盖面广、运量大，是双方贸易的最主要也是最为经济的方式。双方可以科佩尔、里耶卡、格但斯克、克莱佩达、康斯坦察、瓦尔纳 6 港为重点，加密航班、扩大集装箱运力，并逐步拓展到爱沙尼亚塔林、拉脱维亚里加和文茨皮尔斯、波兰格丁尼亚、什切青和希维诺乌伊希切等三海地区其他欧盟核心港口，以及黑山巴尔、阿尔巴尼亚都拉斯等港的集装箱航线，以此带动和培育临港产业园区发展。同时，加快匈塞铁路建设，深化海关务实合作，推进物流便利化，加快中欧陆海快线北行班列化运作，开展沿线国家铁路运营权和铁路内陆场站的合作探索。

陆上中欧快线要充分发挥时效性，加强双方铁路和海关协作，拓展建立班列运行信息交换机制，缩短全程运行时间；共商建立灵活的全程定价机制，支持具备条件的国家开行新的直达班列运行线路；探讨沿线国家铁路站场投资运营合作，支持波兰罗兹等建设铁路物流枢纽，有效组织回程货源。

空中航线在开通华沙、布达佩斯、布拉格三大机场的直航航班基础上，积极推动里加、索菲亚、贝尔格莱德等机场直航工作，根据市场需求加密航班开行密度，推进实施更便利的签证政策和更顺畅的通关环境，促进人员交往便利化，为深化中国—中东欧国家旅游业合作创造条件。

四　推融合，加强与产园一体化发展

如前所述，中东欧国家人口少、国内生产总值总量小、交通需求规模小，单一的交通基础设施合作生命力不强。以港口为例，中东欧沿海国家腹地货物生成量相对较小，且沿海港口众多、竞争激烈，欧盟内部贸易主导也导致陆路分流趋势明显。由此也导致港口集装箱能力供大于求，三海地区港口集装箱吞吐总量仅有 550 万 TEU，除科佩尔港外，其他港口如里耶卡、克莱佩达和里加的能力利用率都在 40% 及以下。研究也表明，对其未来港口吞吐量的增长前景并不乐观，港口项目投资风险较高，采取单纯的港口投资运营合作不具有经济性。

交通是产业链上的运输服务。当前中东欧国家正处于基础设施建设改造和工业体系完善的关键时期，只有交通与园区产业"两条腿"走路，共同发展，做大"蛋糕"，才能更有效地支持中东欧国家以较低成本加快发展、扩大就业，推进中国—中东欧国家合作可持续发展。中国发展经验也表明，推进港口、陆上通道、园区产业一体化，实现融合联动发展是有生命力和持续力的，也是普遍取得成功的，在中东欧国家复制这种发展模式既有基础也有需求。

建议双方深入探索合作发展的产业链发展模式，一揽子考虑、统筹决策，有效引导产业园区和港口、陆上通道形成一体化发展，并辅以系统性融资规划开展跨领域研究和协同开发。近期可以中白工业园、中欧商贸物流园、宝思德工业园和塞尔维亚工业园为重点，吸引双方及欧盟有需求的企业进入开展产能合作，加强与克莱佩达、科佩尔、里耶卡和巴尔港口及后方通道联动发展。

五　强平台，促进交通合作水平提升

近年来，中国越来越重视平台在对外交流合作中的作用，通过积极搭建和参与平台建设，"大家唱戏"，寻找互利共赢点。平台意识和作用在中国—中东欧国家合作中运用较为充分，交通方面也取得新的突破，既有部长级会议，也有基础设施、物流合作联合会，还有智库、协会和论坛交流等。未来，在中国—中东欧国家合作这个大平台下，将积极发展多层面、多模式、多样化的交通专业化服务平台，为交通合作注入强大的信息源和智力支撑。

中国应充分发挥已有的交通部长会议、基础设施联合会和物流联合会平台，加强对话和交流，共同探讨明确双方合作重点方向，及时协调解决合作中遇到的各种问题。

支持双方共同组建中国—中东欧国家港口联盟，试点探索与中东欧国家港口基础设施共建，扶持鼓励港口企业"走出去"实现跨区域投资、并购、参股和运营，探索国际码头营运商的运作模式，实现港口联盟城市基础设施的共建共享。鼓励中欧快线等建设物流信息共享服务平台，逐步实现与沿线国家铁路、海关、检验检疫等信息系统的电子数据交换与共享，打通物流信息链，打造"数字化"中欧班列。支持在有条件的中东欧国家沿海港口枢纽、内陆园区（铁路枢纽）合力打造跨境电子商务平台，以大宗商品和日用消费品贸易为重点，不断探索"网上自贸区""网上物流交易"等电商平台的新模式，并融合全供应链服务。加强双方交通领域高端智库交流与合作，搭建学术交流平台，在信息共享、共同开展课题研究、互派访问学者等方面进一步开展合作。

六 创机制，谋划投资融资瓶颈突破

中东欧 16 国有 11 国已经成为欧盟成员国，其他正行进在加入欧盟的路上，其基础设施建设改造在投资融资方面主要依赖欧盟。欧盟结构基金和凝聚基金每年向成员国提供专项资金用于基础设施更新，欧洲投资银行、欧洲复兴开发银行等框架内金融机构还可提供低利率政策性贷款资金。欧盟 2007—2013 年结构和凝聚基金总规模 3474 亿欧

元，中东欧入盟国家全部可享受，总规模约 1730 亿欧元，
其中基础设施占到 30.8%。金融危机虽给予中国资金进入
的良好契机，但中东欧入盟国家无法实施主权借贷或担保
支持项目，且资金成本预期较低；巴尔干半岛尚未入盟国
家虽对中国的投资有迫切的需求，但其财政资金有限，无
力通过主权借贷或担保支持项目建设。投融资问题已经成
为推进中国—中东欧基础设施合作的"短板"。

中国应尊重欧盟关于成员国主权债务的相关规定，在
用好既有专项贷款、投资合作基金、"一带一路"基金等基
础上，创新投融资模式支持合作有效开展。鼓励中国工商
银行牵头组建的中国—中东欧国家金融公司，通过商业化
运作在全球市场募集资金。积极开展非主权担保或项目融
资的融资方式，探讨跨领域系统性融资模式，支持国家开
发银行发起设立中国—中东欧国家合作银行联合体。支持
中国在中东欧国家建立人民币清算安排，鼓励包括商业银
行在内的中国金融机构同欧洲复兴开发银行等区域和国际
多边金融机构加强交流与合作，为合作提供更多金融支持。
共同研究探讨开展特许经营权或公私伙伴关系（PPP）合作
的可能性。

推动"16+1合作"与中欧合作"花开并蒂"

从华沙到里加，"16+1合作"已经走过5个年头，取得了巨大进展，中国和中东欧国家在深化产能、交通、基建、金融、人文交流等领域合作可谓硕果累累。"16+1"作为中欧合作的重要组成部分与补充，在推进过程中，由于中方不断宣讲、强调这一理念，并大力做工作，从而使西欧国家对"中国分化欧洲"的担忧与误解大为减轻。在当今世界大变动时代，欧洲身陷多重危机的情况下，中欧关系也面临诸多的不确定因素，"16+1"对中欧合作的稳定与推动作用将更为明显，对其的贡献也将越来越大。

一

"16+1合作"从一开始就伴随着德国等西欧国家的质

疑,"中国分裂欧洲"的声音不绝于耳。随着合作的不断推进及中欧双方的接触与交流,这种声音正在减弱。正如总部在布鲁塞尔的智库"欧洲之友"政策负责人斯哈达·伊斯拉姆所言:"过去欧洲以消极的态度看待'16＋1',以为它是中国为分裂欧洲实施的战术,但近几年,欧洲逐步开始以理性的心态看待它。"① 笔者认为,之所以出现如此积极变化,主要有以下原因。

其一,"16＋1 合作"是中欧合作的重要组成部分与补充,这完全符合客观事实。一方面,16 国中的 11 国已是欧盟成员国,西巴尔干 5 国也正在加入的过程中,未来也将是欧盟的一部分。因此,中国与这些国家发展关系并未脱离中欧合作的范畴。另一方面,欧盟本身就是一个"共性与多元"并存的联合体。任何一个国家与欧盟发展关系都要做好两方面的工作:即欧盟机构与成员国。因此,中国发展与中东欧国家也符合与欧洲打交道的特点。这里需要特别指出的,也是不少国家提出质疑的是,中东欧国家并非一个整体。笔者认为"16＋1 合作"本身就是"多边搭台,双边唱戏",中国要充分认识与尊重中东欧国家的多样性,根据各国的不同情况,有针对性地开展合作。中国国际问题研究院欧洲研究所所长崔洪建甚至认为,"16 国的差异性是(合作的)优势"②。

---

① "China CEE cooperation booms during the past year", http://china. org. cn/world/2016—11/05/content_ 39642744. htm.

② 陈婧:《中东欧的差异性对"16＋1"合作是优势不是问题》,http://zqb. cyol. com/html/2016—11/05/nw. D110000zgqnb_ 20161105_ 3-04. htm,2016年 11 月 5 日。

其二，"16＋1合作"符合欧洲的整体利益。一方面，中东欧国家属转型国家，发展水平落后于西欧，特别是基础设施陈旧，建设需求强劲。中国与中东欧国家展开合作，不仅有助于这些国家经济发展，而且有益于弥补欧洲地区发展鸿沟，促进欧洲地区平衡发展。另一方面，欧盟近年深陷欧债危机，其投入难以满足中东欧国家需求，而中国的投资有效地作为补充，恰恰填补了欧盟的空白。正如中国现代国际关系院欧洲研究所所长张健强调的"帮中东欧就是帮欧洲"①。此外，欧盟长期强调地区合作的重要性，特别是对于尚未入盟的国家，这是它们加入欧盟的必备条件之一。"16＋1合作"开展以来，不仅促进了中国与中东欧国家的合作，更促进了中东欧国家之间的合作。中东欧多国代表在参加2016年11月中国社会科学院举办的中国与中东欧国家人文交流年闭幕活动时均表达了这样的观点。

其三，"16＋1合作"并没有超出欧盟的规范。中国国务院总理李克强多次强调中国与中东欧国家的合作与中欧合作并不相悖，而是相向而行。《中国—中东欧国家合作中期规划》表述得很明确："各国根据各自法规，欧盟成员国根据欧盟相关法规及作为成员国应遵守的政策，开展具体合作。"② 可以说，中国与中东欧合作，特别是与已经加入

---

① 张健：《帮中东欧就是帮欧洲》，http：//www.qstheory.cn/gj/gjwmyl/201311/t20131126_295660.htm，2013年11月26日。

② 《中国—中东欧国家合作中期规划》，参见新华网（http：//news.xinhuanet.com/2015—11/25/c_128464366.htm），2015年11月25日。

欧盟的中东欧国家的经贸合作都是在欧盟相关法律法规规范下进行的。① 以中国、塞尔维亚与匈牙利三方推进的匈塞铁路项目为例，它本身就在欧盟泛欧走廊计划内，由于塞尔维亚与匈牙利分别是非欧盟成员国与成员国，因此，中国"区别对待"，匈牙利段的改造严格按照欧盟的标准与程序进行。

二

2016 年，中国与中东欧国家关系成为中国对欧外交的一大亮点。中国国家主席习近平先后两次出访中东欧国家，在中国与中东欧国家交往史上绝无仅有，开创了历史先河，表明在新时期，中国对中东欧国家的高度重视，也是对"16 + 1 合作"的高度肯定与期许。2016 年同样是世界大变动的一年，英国脱欧、特朗普当选美国总统使世界充满不确定性。在当前情况下，持续推动"16 + 1 合作"对当事各国乃至对中欧关系意义重大。

推动"16 + 1 合作"成为中欧关系的"压舱石"。其一，2017 年，英国将启动退欧谈判，欧盟的另外"两驾马车"法国与德国均将面临大选，欧洲民粹主义横行，一体

---

① 《中国专家："16 + 1 合作"将全面开启中国与中东欧国家合作新篇章》，参见 http://sputniknews.cn/politics/201511241017111993/，2015 年 11 月 24 日。

化进程遇到空前挑战。有学者坦言：欧盟当前"唯一的确定就是不确定性"①。欧盟的不确定性也将给中欧关系带来不确定性。相较而言，随着"一带一路"倡议与"16＋1合作"的推进，中国与中东欧国家关系的确定性大为增强，中东欧国家众多党派均将发展对华合作作为共识。其二，近年来，欧盟深陷多重危机，英国脱欧更将欧盟推入"生存危机"。尽管中东欧国家的发展离不开欧盟，但在欧盟势弱的情况下，其对中国等新兴国家需求与倚重将更为强烈，中国与中东欧国家合作的"战略窗口期"延长，可以说，已演变为"战略机遇期"。其三，英国脱欧使欧盟改革的紧迫性增强，德国总理默克尔多次表示欧盟机构需要聆听成员国的声音。中东欧国家强烈要求欧盟下放权力，因此，相信在未来的欧盟构建中，以波兰为首的中东欧国家将会占有一席之地，发挥更大的作用。有鉴于此，保持"16＋1合作"的热度，持续推进各项合作，本身就有助于中欧关系的稳定、提升及平衡发展。

加强经贸合作，共同抵制欧盟的贸易保护主义。近期，欧盟的贸易保护主义上升势头明显。欧委会发布了题为《采取稳健的贸易政策促进欧盟的就业与经济增长》的文件，呼吁欧盟成员国支持其反倾销新模式。中国与中东欧国家均主张自由贸易，因此，反对贸易保护主义是共同声音。中国与中东欧国家增强经贸合作，对欧盟的贸易保护

---

① Rob Haynes, "Europe：The only certainty is uncertainty", http：//economia. icaew. com/opinion/february-2016/europe-the-only-certainty-is-uncertainty.

主义是有力的回击。今后，中国与中东欧国家的经贸合作应注重以下几点。其一，是继续开发中东欧国家对华出口的潜力。中国与中东欧国家已在这方面做了许多努力，如每年举行中东欧国家特色商品展，促进通关便利等。现在通过中欧班列，波兰等国的农产品越来越多地进入中国市场，但出口的增长空间仍十分巨大。其二，中国企业在中东欧国家除了开展基础设施项目和投资并购外，也要进行绿地投资，促进当地就业。其三，注重双向投资，中国应采取措施吸引中东欧国家投资开发中国西部地区。

推进多方合作。中国目前比较关注的是"16＋1合作"与中欧合作的互利共赢项目——波罗的海铁路。波罗的海铁路是欧盟出资建设的重要项目，该线路计划从芬兰首都赫尔辛基经波罗的海三国首都、波兰首都华沙，再通往德国首都柏林。中国企业对该项目表示了浓厚的兴趣，希望将中国修建高速铁路的技术、经验带到波罗的海，从而服务于整个欧盟的互联互通。另外，正在推进的匈塞铁路、三海（波罗的海、黑海与亚得里亚海）港区合作等也都绕不开欧盟。"16＋1合作"是开放包容的，没有排他性，中国、欧盟与中东欧国家开展多方合作，可有效地减少欧盟的猜忌，使"16＋1合作"从"双赢"实现"多赢"，也使该合作促进中欧整体关系发展的想法落到实处。

做好人文交流与媒体宣传。"国之交在于民相亲"，2016年是中国与中东欧国家人文交流年，2017年是媒体年，中国与中东欧国家均要利用机会加强民间、智库与媒体交流。在这些交流中，参与方不仅局限于中国与中东欧国家，也可扩展到西欧国家，邀请西欧感兴趣方加入进来，这样既可增强中国与中东欧国家的了解，又能促进中欧之间的了解。另外，中国也要推动中东欧国家一起做好"一带一路"倡议与"16＋1合作"的宣传，增强其能见度与透明度。

中东欧国家是通向西欧国家的"桥梁与通道"。随着中国与中东欧国家合作的开展，相信该合作也将成为促进中欧整体合作的"桥梁"，而中欧的良好合作又会促进"16＋1合作"，从而使中国、中东欧与欧盟良性互动与友好关系相生相成。

中国智库在"16+1合作"中的作用

张迎红，上海国际问题研究院欧洲研究中心主任

自2012年第一届中国—中东欧国家领导人会晤在波兰华沙举行以来，中国—中东欧合作问题的智库呈现迅速发展态势。其发展态势及未来方向主要包括以下方面。

一 中国研究中东欧问题的 主要智库类型

中国研究中东欧问题的智库大致包括四种类型：第一，政府所属的研究机构。主要在中国社会科学院、相关省份社会科学院以及传统的综合类研究机构中设立中东欧研究所或研究室，加强了对中东欧地区的研究；第二，高校建立中东欧研究中心。将高校中涉及中东欧小语种研究、地区研究、领域研究（如国际关系、法律、经济等）相结合，

在跨学科基础上，建立了专门针对中东欧地区的研究中心，集中各方研究力量，并加强与中东欧国家相关大学开展交流与合作；第三，相关的企业内部设立关于中东欧的研究部门，主要为企业走出去提供咨询；第四，建立了智库网络，如依托中国社会科学院建立中国—中东欧国家智库交流与合作网络，中国社会科学院内部的一家蓝迪智库网络也是属于智库网络性质，其重点是研究"一带一路"建设，最近几年，中东欧也成为其研究重点之一。

这些智库网络对于联结政府、企业、智库和媒体等起到了积极的作用。

二　中国关于中东欧研究的主要资金来源

最近几年，随着中国和16个国家政府对"16＋1合作"的重视，相应各国对中东欧问题研究的资金投入也在逐年加大，中国从事中东欧问题研究的资金主要来自以下渠道。

第一，政府资金。国家政府资金目前仍然是中国学界对中东欧问题研究的主要资金来源。自从中国—中东欧合作秘书处设立以来，该处每年提供"16＋1合作"研究的专项资金。现在，许多中国的部委办也开始设立"16＋1合作"的专项资金，并在各部委办的官方网站上每年公布申请课题，这些部委办包括外交部、财政部、商务部、教育部等机构。中国国家社科基金项目也为"16＋1合作"和中东欧地区研究提供资金。

第二，地方政府提供资金赞助。在中国，一些地方政府承接着"16＋1合作"的重点项目，包括经贸论坛、地方领导人论坛、中欧班列等。这些地方政府，如宁波、重庆、唐山等都非常重视"16＋1合作"，如宁波市专门出台了关于支持"16＋1合作"的政府专项资金，其中一部分就是专门提供给研究机构的。

第三，企业资金。目前中国企业对于走进中东欧进行投资非常感兴趣，这些企业也会设立资金专门提供给研究机构从事中东欧问题的相关研究。

第四，中东欧国家的资金。由于一些中东欧国家也非常重视"16＋1合作"研究，并对相关机构提供赞助，尤其是中国研究机构如与16个中东欧国家研究机构合作，也可以共同分享这些研究资金。

三　中国智库对"16＋1合作"的主要贡献

第一，学术贡献。主要包括出版各类学术论文、专著、报告等。

第二，对政府决策咨询的贡献。主要是为政府提供各类调研成果，包括咨询意见。

第三，媒体贡献。主要是利用各类传统媒体和新媒体，通过重要报纸、电视、电台、互联网，由专家提供文章、观点、评论。目前，中国的新媒体，尤其是通过互联网包括微信、博客等社交媒体工具传播关于中东欧问题的信息和观点十分活跃，能够快速地提供各类资讯和专家意见。如中国社会科学院俄罗斯中亚东欧研究所设立的"中东欧观察"栏目，就是通过公众号向外及时发布信息，同时还设立了中东欧学者微信群，为中东欧研究学者之间相互交流提供了机会和平台。

第四，建立网站，专门收集和提供各类关于中东欧问题的研究论文、报告和信息等。如中国—中东欧国家合作秘书处和中国—中东欧智库交流与合作网络都设立了专门的官方网站，提供了各类资信。这些网站因其独特的官方背景或专业背景，所提供的资讯具有较高的可信度。

四　未来中国智库可以集中在以下方面继续做出贡献

第一，加强与16个国家的联合研究。联合研究有助于中方学者开阔思路。例如，2014年上海国际问题研究院与波兰国际事务研究所合作进行了中波经济园区的联合研究，这是中国—中东欧国家合作秘书处的中外合作课题。在联合研究过程中，波兰学者提供了非常好的思路，他们指出，韩国在波兰经济园区已经开展了非常好的投资实践，为此我们结合中国实际，将韩国在波兰投资经验与中国—新加坡在苏州工业园区的投资合作经验加以比较，提供了较好的经济园区国际合作的视角。

第二，加强与中国企业进行合作。中国企业有较高的到中东欧投资的愿望，但是他们对中东欧地区不太了解，中国智库可以提供这方面的指导。同时，中国国内在"走出去"战略方面仍存在很多障碍，包括税收、金融、外汇管理、对外投资、对外贸易、物流等方面的法律和法规限制，中国智库与企业加强合作，有助于向中国相关部门提供更为切实可行的改革建议，为深化改革、扩大开放提供政策建议。

第三，加强与中国—中东欧国家合作秘书处的合作。目前，每年举行的中国—中东欧国家领导人峰会都要发表联合声明和纲要，这些声明和纲要对过去的成绩和未来的行动方向会提供评估，但是由于篇幅所限，这些评估非常有限。"16 + 1 合作"事实上已经在各个方面做了很多工作，成效也非常显著，但是这些情况都分散在不同的政府部委办、地方政府、企业和 16 个国家中。鉴于秘书处拥有广泛的官方渠道，但是其人员有限，建议中国智库可以与秘书处加强合作，对"16 + 1 合作"取得的成就和问题及未来方向提供更为翔实的评估报告。每年出一些这样的报告，有助于对合作进行梳理和总结，并将报告在秘书处的官方网站上发布，以此向社会提供有较高可信度的咨询报告，为未来进一步的研究和政府决策提供资讯储备和资料积累。

"16+1合作"框架下的经贸合作
现状、机遇与挑战

尚宇红，上海对外经贸大学中东欧研究中心副主任

2012年，中国—中东欧16国领导人在华沙的会晤标志着"16+1合作"框架的正式形成，随后几年，在该框架下先后达成了《中国关于促进与中东欧国家友好合作的十二项举措》《中国—中东欧国家合作布加勒斯特纲要》《中国—中东欧国家合作贝尔格莱德纲要》《中国—中东欧国家合作苏州纲要》以及《中国—中东欧国家合作里加纲要》等一系列促进双方合作的纲领性文件，为中国与中东欧国家搭建了一个多层次、宽领域、全方位的合作交流平台。

"16+1合作"框架为中国—中东欧国家间的经贸合作提供了新机遇，并开始发挥出促进双边经贸往来的重要作用，双边投资贸易得到迅速增长，系列大型项目达成协议。自2013年起，中国提出的"一带一路"倡议更是明确了"16+1合作"框架的重要作用，该框架成为这一地区实施

"一带一路"的重要载体，从而为双边经贸合作提供了新机遇。但在复杂的国际政治经济环境中，由于中国—中东欧16国在政治、法律、社会和文化价值观等诸多方面的差异，双边经贸合作的深入仍然面临着巨大挑战。

一 经贸合作现状

中国—中东欧16国间的经贸合作现状既体现了以市场力量为主导的企业选择结果，也反映出"16＋1 合作"框架的引导作用，概括起来主要有以下两个方面的特点。

第一，双边贸易的"高增长与高失衡"。"高增长"是指近年来中国—中东欧16国间的双边贸易增速均远远高于其各自对全球的贸易增长，这主要是双边宏观经济增长均快于全球水平而形成的，体现的主要是市场力量。但也不失"16＋1 合作"框架的促进作用，例如，双边农产品贸易的迅速增长，特别是中国近两年来大量进口中东欧农产品，预计双边农业合作还会有进一步的大幅提高。"高失衡"一方面是指双边贸易的失衡水平远远高于各自对全球的平均水平（斯洛伐克是个例外），这主要是因为中东欧国家的出口结构同中国的进口需求不匹配，而中国的出口结构比较符合中东欧国家进口需求而导致的；另一方面是指中国同中东欧16国间的投资贸易量也非常不均衡，例如2015年之前，中国企业在匈牙利的投资存量超出了在这一地区投资总额的三分之一,中国同捷克的服务贸易为这一地区的40%有余,等等。

这些失衡问题虽然主要是因为投资环境和贸易环境差异而形成的市场配置结果,却成了妨碍中国—中东欧国家进一步加强合作的主要因素之一。市场引发的失衡问题自然无法单靠市场力量来解决,只有在"16 + 1合作"框架下发挥政府的引导作用,才有可能逐步缓解这些失衡问题。

第二,目前的经贸合作以大型项目合作为主体。自"16 + 合作"框架建立以来,中国—中东欧16国间的经贸合作最引人注目的是中国企业在中东欧国家实施或即将实施的系列大型项目,例如塞尔维亚E763高速公路建设,匈塞铁路,中国同拉脱维亚、立陶宛、克罗地亚以及罗马尼亚等国签署的开展港口和临港产业园区合作协议,罗马尼亚政府和华为技术有限公司的合作协议等数不胜数。这些大型项目都是在"16 + 1合作"框架下达成的合作成果,是双方经贸合作的主要载体,这些项目的投资远远超出之前单纯由市场力量主导的投资,因而构成目前(也是未来)中国企业对中东欧国家投资的主体,也是双边经贸合作的主体。

二　新机遇

"16 + 1合作"框架的形成为中国—中东欧16国的经贸

合作，特别是一些大型项目的合作提供了新平台和机遇。在中国随后提出的"一带一路"倡议背景下，"16＋1合作"框架有了更明确的功能，即"16＋1模式"将成为实现"一带一路"倡议的第一个重要承载体。这意味着可以通过"16＋1合作"框架使"一带一路"倡议在这一地区落到实处。由此，中国—中东欧国家经贸合作目前呈现出以下四个方面的机遇。

第一，互联互通产业的合作机会。中国在"一带一路"倡议中特别强调了互联互通，特别是基础设施相通的重要性，在"16＋1合作"框架下达成的《中国—中东欧国家合作中期规划》中也强调了这一点。目前，中东欧大部分国家中包括交通设施在内的基础设施尚处于相对落后的水平，基础设施领域存在巨大的市场需求；同时，中国以高铁及其车辆、港口及港口装载机械、机场建设为代表的制造业新比较优势正在形成。如果中国公司能够更多、更广泛地参与到中东欧地区的基础设施建设中去，不但有利于中国公司提升国际竞争力，也有利于中东欧国家基础设施低成本高质量的改善。

第二，产能合作提升工业水平的机会。中东欧16国中大多数国家的工业化水平较低，工业体系不完善，即便是工业基础雄厚的捷克、波兰等，也存在生产能力提升等问题。例如，捷克希望在高技术制造业、商业支持服务和技术（设计）中心方面得到发展，而中国已经在这些方面的不少领域拥有了较高技术水平和比较优势，例如高铁技术

（包括动力、车辆以及相应设施）方面，如果能够同捷克等国进行产能合作，并在当地设立商业支持服务中心，不但有利于中国优势产业国际地位的确立，也有利于中东欧国家工业水平的提升和工业体系的完善。

第三，大企业重大项目合作投资机会。在"16＋1合作"框架下，政府、实业和金融联动促进重大项目合作，为双边的大企业合作投资提供了机会。目前，中国—中东欧各国政府联动推出了中东欧各国急切发展的系列重大项目，并为这些项目的实施提供了金融支持，初步形成了政府推动、企业主导与金融机构支持的协作机制，这些机制为中国和中东欧国家的大企业提供了绝好的合作投资机会。

第四，中小企业入园投资机会。在"16＋1合作"框架下，中国和中东欧多个国家达成了建立多种产业园区的协议，为中小企业提供了投资机会。一方面，这些园区将会加强对广大中小企业参与产能合作的扶持和指导，这不但有利于入园企业提升合作效益，而且有利于增强园区产业聚集力；另一方面，这些园区也将给区内企业在税收、进口机器和原材料关税等方面的优惠待遇，并为入区企业提供货物进出口、报关商检、物流配送、仓储、金融等多种便利服务，形成产业集聚效应和规模经济，降低中小企业国际化运作的成本和风险。

三 困难与挑战

以"一带一路"倡议为指导，用"16＋1合作"框架推进中国—中东欧经贸合作，并非都是机遇，也存在不少困难和挑战。这些挑战一方面来自当前国际政治经济关系的复杂性，特别是国际政治中民粹主义的抬头和经济全球化速度放缓的大环境；另一方面，挑战还来自中国和中东欧国家间在政治、经济、法律和社会文化等诸多方面较大的差异性。概括而言，这些挑战主要体现在以下四个方面。

第一，来自大国（关系）的挑战。首先是中国—中东欧合作与欧盟关系的协调问题。目前，中东欧16个国家中已经有11个国家是欧盟正式成员，其余国家也在积极申请加入欧盟。无论是政治方面，还是经济方面，中东欧国家都更倾向于欧盟。由此，中国在以"一带一路"倡议为指导发展同中东欧国家的关系时面临着如何消除欧盟的疑虑的问题。尽管中国频频释放善意，但并不能完全让其放心。因此，中国在依托"一带一路"利于"16＋1合作"框架推进同中东欧国家经贸合作的同时，应当明确自己的利益诉求，确保中国的企业能立足于中东欧国家，并同时适应欧盟的规则。其次，以美国为首的跨大西洋贸易与投资伙伴关系协议（TTIP）可能带来冲击。TTIP一旦形成，将成为世界上最大的区域一体化组织，它在市场准入、监管合作以及贸易规则方面给世界带来新的标准，势必影响包括中国在推进"一带一路"时试图建立的规则方面，以及对于中国企业通过对中东欧国家的投资贸易进而进入欧洲市场的可能性。再次，俄罗斯、土耳其等同中东欧国家有密切地缘政治和地缘经济关系的非欧盟大国利益也会对中国—中东欧国家间的经贸合作形成冲击，中国企业进入中东欧国家有可能同这些大国的企业形成市场竞争关系，从而受到来自这些国家更高层面的非经济阻力影响。

第二，来自中国—中东欧国家在政治、社会、法律和文化等多方面差异的挑战。一般来讲，两国间经贸往来同其地理距离呈反向关系，也同其经济制度、政治、社会、法律和语言文化等差异而衍生出的"距离"呈反向关系。另外，中东欧16国除了在这些方面同中国有较大差异外，16国之间的文化价值观也存在较大的差异，这些差异都形成了限制"16＋1合作"框架发挥促进经贸合作的重重阻力。为此，除了企业间的主体交流外，还急切需要加强中国和中东欧国家普通民众之间的人文交流，充分发挥各国高校、研究所和智库力量积极开展对对方国家方方面面的研究，以增进对彼此的了解，只有在充分了解的基础上才能为双边开展实质性经贸合作铺平道路。

第三，由于贸易严重失衡问题而形成的挑战。贸易顺畅和贸易平衡是中国—中东欧合作中一个绕不开的问题。由于市场结构问题，在很长的时间里，中国同中东欧国家的贸易处于低水平且严重失衡状态。在未来"一带一路"

的推进中，这种不对称的贸易状况将会进一步加剧。如果不能增加从这些国家的进口，未来这种不对称的贸易所表现出来的将是中国大量的资金通过贸易的方式进入这些国家，并且表现为这些国家对中国的债务。显然，这种状况不能持续过长时间，否则必定导致贸易条件恶化，引发贸易摩擦。比较合理的做法是，一方面有目标地对来自中东欧国家的某些产品给予特惠（比如农产品），以扩大其对中国的出口；另一方面积极实施出口产品的投资替代，即中国企业把出口转变为在中东欧国家投资设厂，把产品更多地瞄准当地市场或者除中国以外的其他市场，并同时大幅扩大对中东欧国家企业的服务进口，用服务贸易来调节货物贸易失衡，最终达到双边贸易的总体平衡。

第四，来自资金空心化问题的挑战。中国通过"16 + 1 合作"框架大力发展同中东欧国家的经贸合作，需要大量的资金予以支持。这些资金，除了来自国际投资者以外，更多的可能需要中方予以支持。在目前全球经济处于低迷状态以及中国进入经济转型时期必然伴随的产业结构调整的情况下，都意味着对资金更多的需求。如果中国在"一带一路"倡议下的大量项目同时铺开，不能排除由此带来的中国国内资金空心化问题。如果这一判断存在合理性，那么对于中国国内经济转型带来的负面影响从而对双边经贸合作带来的负面影响不能不提前准备应对之策。

中国同中东欧 16 国间的经贸合作不仅涉及双边经贸问题，也涉及更广义范围内的国际经济秩序重构问题，涉及国际经济治理和国际关系协调问题。要使"16 + 1 合作"框架发挥出更大的作用,中国和中东欧国家必须共同积极开展多方面的国际协调,包括多边之间的和在一体化组织内部的协调,而且一体化组织内部开展的协调更为重要,并有可能成为中国"一带一路"倡议实施中解决类似问题的一个典范。

互联互通：欧洲可以从中国学什么？

陈新，中国社会科学院欧洲研究所
欧洲经济室主任、研究员

中国近年来在交通基础设施领域取得了长足的进步，并获得了令人瞩目的成就。正如中国人常说的"要致富，先修路"，对投资者来说，也是同理，没有交通基础设施就没有外国投资。在"一带一路"倡议和中国—中东欧合作中，交通基础设施是一个重要领域，也是互联互通的基础。

一 中国在交通基础设施领域的成就

中国在交通基础设施领域最显著的进展体现在高速公路的建设上。中国的高速公路建设始自世界银行的项目。中国的第一条高速公路是北京到天津的高速公路项目，使用了世界银行贷款，1988 年动工，1993 年全线完成，全长

142 公里。这条高速公路是为了改善天津和北京之间的交通，也是为了提高天津塘沽港的效率。京津唐高速公路的建成，发挥了极大的示范效应。自此，中国进行了全国高速公路组网规划，并在此基础上，各个省份根据规划，开始分头建设高速公路。这方面，山东是先行者，山东的高速公路里程一度位居全国各省前茅。中国大陆高速公路的建设速度非常迅猛，2012 年高速公路里程达到 9.6 万公里，2013 年增加到 10.5 万公里，2014 年超过美国达到 11.2 万公里，2015 年为 12.3 万公里。

中国在交通基础设施领域的第二个令人瞩目的成就是高速铁路。2008 年，同样是北京和天津之间建成了中国大陆第一条城市间高速铁路。这一示范很快进入全面推广，全国三纵三横的高速铁路规划出台。到 2015 年年底，中国大陆建成高速铁路里程 2.2 万公里，并于 2016 年完成了三纵三横的高速铁路组网规划。至此，中国拥有了世界上最庞大的高速铁路网，为人们出行带来了极大便利，也有力带动了高铁沿线城市和区域的经济社会发展。

中国在交通基础设施领域的第三大成就是民用航空事业的发展。到 2014 年，中国大陆拥有民航机场 202 个，民航飞机 2370 架。当年的民航旅客流量为 8.32 亿人次，货物运输量 1400 万吨。到 2016 年，北京首都机场已经连续 7 年成为全球第二大繁忙的机场，当年旅客流量为 9439 万人次。上海浦东机场位列第 9，旅客流量 6598 万人次，首次晋级全球十大榜单。上海虹桥机场和浦东机场的旅客总吞吐量首次突破 1 亿人次，成为全球第 5 个航空旅客跨入亿级"俱乐部"的城市。广州白云机场的旅客吞吐量逼近 6000 万人次，超越新加坡樟宜国际机场。

在大规模的基础设施规划和建设中，政府起到了决定性的作用。政府通过基础设施规划，提供融资，同时把基础设施作为公共产品，为社会提供服务。实际上，交通基础设施的意义并不仅仅在于基础设施本身，它更意味着发展的潜力和动力，并且交通基础设施所带来的溢出效应将远远大于交通基础设施的投资。

中国在交通基础设施领域取得的长足进展，不仅仅是拥有世界第一的里程，更主要的是互联互通。中国拥有世界上最庞大的高速公路和高速铁路网络。只有实现互联互通，基础设施的效益才能充分发挥出来。

二 欧盟在交通基础设施领域的问题

欧洲是很富裕的地区。欧盟拥有世界上 7% 的人口，创造了全球四分之一的 GDP，消费了全球福利的一半。欧洲也不缺钱，欧盟拥有专门的基金来支持地区发展、就业和社会融合、农业和农村发展、海洋和渔业政策、研发和创新以及人道主义援助等。

大约 76% 的欧盟预算通过"共同管理"的方式供成员国和地方政府共同使用，具体表现为 5 大基金：欧洲区域发展基金（ERDF）、欧洲社会基金（ESF）、聚合基金（CF）、欧洲农业农村发展基金（EAFRD）以及欧洲海洋和渔业基金（EMFF）。

欧盟在交通基础设施领域的问题是缺乏互联互通。欧委会制订了跨欧交通基础设施计划，涉及公路、铁路、机场和港口。由于是与成员国政府和地方政府"共同管理"，因此，公路和铁路的建设取决于成员国和地方政府的实施能力和意愿，落实计划相当困难。如果成员国政府或地方政府对基础设施感兴趣，那它们就申请欧盟基金并建设辖区内的那段公路或铁路。如果成员国政府或地方政府对其他领域感兴趣，例如环境保护，那交通基础设施规划中经过这些地方的路段就会被搁置。所以，我们从欧盟的交通基础设施规划地图中看到的是支离破碎的交通网络，这直接导致欧盟的跨欧交通基础设施碎片化。

欧盟的另一个问题是"一刀切"的政策。2004年欧盟历史上最大的一次扩大至今已经十多年，但无论是在公路还是铁路方面，新老成员国在基础设施领域内的差距依然相当大。中东欧国家经过了25年的转轨和10年的入盟，这些国家的道路依然还是通往它们的东部邻国，中东欧国家之间缺乏南北向的道路和铁路干线连接，欧盟的东部和西部在基础设施路领域的差距巨大。

欧盟还有一个问题就是资源的错配。欧盟推出了"容克投资计划"，目的在于通过发起欧盟层面的投资推动经济增长。但遗憾的是错配之一是交通基础设施的分量不足。

截至 2016 年 9 月，获批项目中涉及交通基础设施的项目价值仅占已批准项目金额的 6%。错配之二，是中东欧在"容克投资计划"中并不占显著地位。根据欧委会提供的数据，中东欧在已签署的合同中仅占 5%，在已批准待签署的合同中占 21%，在预批准的合同中占 6%。截至 2016 年 9 月，所有 150 个项目中，中东欧国家占 12%，其中 6 个项目涉及基础设施，而中东欧国家对基础设施建设的需求是相当大的。据报道，西班牙到目前为止是"容克投资计划"的最大赢家，而西班牙的交通基础设施在某些方面比法国还要好，例如西班牙拥有欧盟为数不多的高速铁路，而且利用欧盟资金建设的城市地铁和城郊火车，车况要比巴黎的地铁和城郊火车好得多。中国人常说，"有钱应该使在刀刃上"，中东欧地区亟须改善交通基础设施，同时交通基础设施的投资会给经济增长带来立竿见影的效应。但遗憾的是这在"容克投资计划"中形成了错配。

三 欧洲从中国学什么？

中国近 40 年的改革开放，实施了全球最大的交通基础设施建设工程，积累了大量成功的经验。对欧洲而言，尤其是对中东欧国家而言，中国的有些做法值得思考，有些经验值得借鉴。

一是要深入理解交通基础设施只有互联互通才能产生

效益。如果没有互联互通，公路和铁路将碎片化，这种碎片化不仅会对投资回报产生严重的负面影响，而且还会对碎片化的地区的社会发展带来负面影响。并且，由于碎片化和交通基础设施的落后，外商投资对这些地区的兴趣也会大大下降。如果欧盟以及中东欧国家能够超越本国和本地区的狭隘利益，就跨欧交通基础设施的实施建立政府间合作机制，落实规划，大力实施，必将带动这些国家的经济和社会发展。最近，由欧盟资助，爱沙尼亚、拉脱维亚和立陶宛三国终于就波罗的海高速铁路达成一致，这是在落实欧洲的互联互通方面的主要步骤。

二是欧盟应该改变"一刀切"的政策，对自己的东部地区予以更多的关注。交通基础设施规划的有力实施和避免碎片化对欧盟以及所涉及的中东欧国家来说至关重要。完善交通基础设施不仅会加大对基础设施投资本身的动力，而且会增大外商投资的吸引力，从而促进该地区的经济和社会发展，为经济增长创造条件。

中国愿意同中东欧国家一道，加强在交通基础设施领域的合作，同时需欧盟负起责任，同中东欧国家一同实现更好的互联互通。

波兰主流智库与媒体对中国的
看法及中波关系的若干问题

马骏驰，中国社会科学院欧洲研究所
中东欧研究室助理研究员

本文通过总结波兰主流智库与媒体对中国国内问题、中欧关系、中波关系等问题的看法，揭示出目前存在于中波双边关系中的若干问题。波兰主流智库包括波兰国际事务研究所（PISM）、东方研究中心（OSW）、社会与经济研究中心（CASE）、智慧欧洲（Wise Europe）、史蒂芬巴托利基金会（Stefan Batory Foundation）和国际关系中心（CIR）等。主流媒体包括《共和国报》（*Rzeczpospolita*）、《选举报》（*Gazeta Wyborcza*）、波兰通讯社（Polska Agencja Prasowa，PAP）等媒体。本文拟分为三部分：第一部分为波方对中欧关系及中波关系的看法；第二部分为波方对中国国内问题的看法主要是波方对中国"一带一路"的看法；第三部分为中波关系中存在的认知偏差等若干问题。

一 波兰对中欧、中波关系的看法

波兰对中欧关系最大的忧虑是中国与欧盟以及欧洲国家之间的关系不对等。波兰认为，目前欧洲危机重重，债务危机尚未完全消失，而难民危机等又开始爆发，这些因素导致欧洲经济复苏十分缓慢。而目前中国需要产业升级，所以中国政府在欧洲各类危机集体爆发的时候，通过数额庞大的投资和购买债券的方式，来加强中国在欧洲市场的存在。这种大手笔的方式能够轻易让一个国家对中国打开市场。但是，欧盟以及欧洲国家在对中国发展关系时，并未采取这种方式。欧洲企业很难找到有效的方法打开并进入中国市场。因此，欧盟以及欧洲国家需要与中国建立一个更加平衡的中欧关系。具体来看，波兰认为，不平衡、不对等的现象体现在以下两个方面。

第一，市场开放程度不对等。虽然欧洲企业认为中国正在逐渐打开其市场，与国外合作更加开放，但是程度依旧不够。例如波兰巴托利研究基金会表示，欧洲的企业需要加强在中国市场的存在。欧洲一方面需要降低各国企业之间的竞争，加强企业间的协调，另一方面要敦促中国降低其市场准入条件，对知识产权进行更好的保护。其中最理想的方式是中国地方或中央政府能够与对象国签订保护投资类协议。另外，在公共采购方面，中国应对外资企业开放，允许外资企业竞标。① 也有智库精英认为，中国对欧外交是为了保持并扩大欧洲对中国产品和资本的开放程度，同时降低中国公司进入欧洲市场的门槛。但是在中国，外企几乎不可能进入金融、建筑和通信等行业，而且中欧文化差异较大，中国的"关系"十分复杂。② 这些因素意味着中国在竭力让欧洲开放，同时避免自身的开放，这并未显示出中国真正想同欧洲合作的诚意。

第二，执政主体不对等。在政治体制方面，欧洲也处于一定劣势。欧洲国家一般是每四年进行换届选举，同时在执政期间也有可能因为各类突发事件导致提前大选和执政党下台等。另外，一届政府仅仅会关注当下的 4 年任期有何政绩，而不会对国家的经济、政治利益进行长远规划。因此，欧洲的劣势在于政府的不稳定和短视。而中国领导人任期较长，而且中国经济、外交等政策会持续很长一段时间，且有一定的连贯性，因此中国的优势在于其政策的持续性。波兰巴托利研究基金会表示，如果在持续性方面与中国竞争，欧洲没有任何优势。欧洲几乎没有任何一个政府具有长远规划的意识，这是民主的弊端。③

波兰精英还分析了中国对欧外交背后的根本目的。他

---

① 参见 http：//www. batory. org. pl/programy_ operacyjne/debaty/2011/jak_ chiny_ rozgrywaja_ unie。

② 参见 https：//kierunki. info. pl/2016/01/wojciech-latka-jeden-pas-jedna-droga/。

③ 参见 http：//www. batory. org. pl/programy_ operacyjne/debaty/2011/jak_ chiny_ rozgrywaja_ unie。

们认为，中国对欧外交政策的最根本目标是重新塑造国际秩序。具体来看，中国通过与欧洲的合作寻求在国际经济秩序中的合法性。中国一直在加强本国在国际经济治理中的地位，彰显本国的经济实力。一方面，中国巩固其在 IMF或世界银行中的地位，推动人民币国际化。另一方面，中国已经开始建立与这些机构平行、互补的机构，例如金砖国家银行、亚投行等。但中国的这些行动都需要赢得欧盟和欧洲国家的支持，因为对中国来说，欧洲承认中国在全球经济和金融中地位转变的事实是十分重要的。特别是在美国重返亚太的背景下，欧洲已经成为中国提升其地位和角色的关键伙伴。因此，欧洲对中国倡议的支持可以理解为中国在国际行动中的一种合法性。

第三，中国通过与欧洲的合作降低了部分欧洲国家对中国敏感问题干涉的程度。从双边关系来讲，中国同欧洲国家双边关系的重要性要高于中欧关系。与各国的双边关系能够保障中国不会严重依赖欧洲任何一个国家，而中国却一直在这些国家的外交政策中处于重要的地位。这一现象导致目前欧洲各国，特别是中东欧国家争相与中国进行经贸投资合作。每个国家都将自己描述为进入欧洲的大门，中国也可借此时机，利用各国害怕被中国排除在经贸投资合作之外的担忧，让中国可以有资本应对欧洲国家对中国内政发声的问题。特别是捷克和波罗的海国家，之前它们大力强调人权问题，但现在它们改变了态度，务实合作成为重点，它们也都致力于与中国建立更加紧密的经贸投资联系。

第四，中国利用多边外交为自己赢得政治支持。波兰认为，中国积极开展多边合作，特别是中国—中东欧国家合作已经成为中国对欧外交中的一个重点。中国背后的动力在于希望通过加强与中东欧国家的经贸合作，特别是在基建、能源、农业等领域，同时服务于"一带一路"向西欧拓展的目标。更重要的，是在欧盟拒绝承认中国市场经济地位之后，中国更需要扩展其外交手段，通过与中东欧国家建立良好关系，促进欧盟内部形成一个支持中国的游说团体。①

在中波关系方面，波兰认为，目前中波两国在"一带一路"倡议下合作紧密。除了中国积极在欧洲与波兰开展合作外，中国也为波兰在亚洲投资创造了良好机会。作为亚投行初始成员国，波兰能够借助亚投行向中国和亚洲投资。同时，丝路基金也为波兰提供了机会。

具体来看，第一，波兰政府足够重视中波关系。波兰认为，虽然历史上双边关系存在一定波动，但目前波兰与中国的合作在中国与中东欧国家的关系中是最紧密的双边合作之一。波兰在 1949 年与中国建交后，主要集中在与中国进行文化交流上。中东欧转型后，双边关系逐渐走弱，中国淡出了波兰的外交视线。在波兰 1999 年加入北约和 2004 年加入欧盟后，中波关系也并未得到显著加强，双边

①　参见 http：//www.case-research.eu/en/node/55576。

交流较少。直到全球经济危机后，这一局面才有所改善。经过频繁的政治对话后，中波关系在 2011 年得到实质性加强，转变为战略合作伙伴关系。虽然波兰方面并没有对中国的外交政策制定相似的战略，但是在 2012 年时任波兰外长的拉多斯瓦夫·西科尔斯基（Radoslaw Sikorski）宣布的波兰 2012—2016 年外交政策文件中，中国赫然在列。新任外长维托尔德·瓦什奇科夫斯基（Witold Waszczykowski）也在其 2016 年 1 月 29 日于众议院的讲话中提到中国是波兰重要的经济伙伴。

第二，地方合作将是波兰未来推动中波关系的重要抓手。在波兰对中国的政策中，与省、市的地方合作受到了广泛的重视，这被波兰视为实施"一带一路"和两国战略伙伴关系这类抽象概念的最好方式。双方开通了从成都到罗兹（Lodz）的货运班线，并把这一线路延伸至厦门，将厦门的自贸区同罗兹的特别经济区联系在一起。波方认为，这就是"一带一路"倡议成功落实的最好证明。借助此条线路的物流运输作用，波兰计划在罗兹和马拉舍维奇（Malaszewicze）（波兰和白俄罗斯间的一个边境城市）开始建设两个物流中心以充分发挥这一线路的物流作用。波兰还认为，地方合作的另一个优势是只有地方政府才更了解当地的情况，因此地方政府能够比中央政府更加适当地发挥出当地的潜力，而且地方合作是一种自下而上的模式，双方都对合作有着清晰的商业计划和意愿。另外，中国一线城市的市场已经被其他西欧或美国的大企业占据，波兰企业作为体量较小的后来者，很难占据一定的市场份额。①
因此对波兰来说，地方省市是一个更有吸引力的选择。

第三，经贸关系中的逆差问题依旧是波兰最大的关注点。中国在波兰对外经贸政策中处于重要地位，不仅是因为中国有着巨大的市场和中国企业对波兰投资的热情，还因为波兰想要缩小其与中国的贸易逆差。因此，波兰对中国贸易的最大目标就是扩大中国的出口，特别是在农产品、奢侈品、酒、采矿安全设备等领域。与此同时，波兰不愿缩小自中国的进口，因为其中有一大部分进口产品是中国、韩国和日本等国家在波兰工厂的生产零件。另外，波兰认为，贸易结构的不合理也是导致逆差的原因之一。波兰对中国出口的 40% 是未加工的原材料，例如基础金属、化工产品和塑料等，这些都会受到全球价格波动的影响；而且目前中国对基础金属，特别是铜的需求大幅降低，而铜是波兰对中国出口的主要产品之一。

第四，维谢格拉德集团并不是一个能够有效加深中波关系的工具。波兰认为，维谢格拉德集团是为了加强四国在欧盟内部的存在而建立的合作机制，而不是为了加强四国与其他大洲国家的合作。因此进一步扩大"V4 +"这一合作模式将会削弱四国的团结，进而减弱它们在欧盟内部的话语权。另外，四国的产业结构和政治利益相近，特别

---

① 参见 http：//csm. org. pl/pl/2014/1139-debata-o-wspolpracy-polska-chiny-przed-misja-gospodarcza-do-pekinu-i-syczuanu-z-udzialem-csm？ highlight ＝ WyJja-GlueSJd。

是在吸引外来直接投资和扩大本国产品出口方面，四国竞争激烈。所以维谢格拉德国家很难实施有效的联合式全球战略。① 四国竞争性的经济利益也可能会引起负面效应，影响集团内部的团结。这也是目前"V4＋"巴西和印度等合作机制几乎没有任何成果的原因。此外，波兰还认为，本国作为中东欧体量最大的国家也没有必要利用这一合作机制来深化中波关系，此类合作措施更适合于那些体量较小且与中国关系较疏远的国家。鉴于以上原因，该集团并非一个可以实质性推动中波关系的借力点，"V4＋"的模式应该被务实地用作一个中波双边合作的有效补充。

二　对"一带一路"倡议的看法

第一，波兰对"一带一路"倡议的风险有了新的认识。在"一带一路"倡议提出后不久的几年，波兰以及其他中东欧国家认为，"一带一路"途经欧亚大陆上那些经济和政治都较不稳定的地区，例如中亚和中东，而在海路上中国的南海、东海等问题也尚未解决，这些因素都将成为威胁"一带一路"安全的因素。但是目前，波兰精英将"一带一路"与上文中对中国国内经济问题的看法相结合，认为国

---

① 参见 http：//www. pism. pl/publications/PISM ＿ Reports/V4-Goes-Global-Exploring-Opportunities-and-Obstacles-in-the-Visegrad-Countries-Cooperation-with-Brazil-India-China-and-South-Africa。

内经济前景严重影响中国对外实施"一带一路"战略的前景。与之前针对沿线国家的风险不同，此次波兰是对中国自身的能力提出了质疑。波兰精英认为，中国外交战略是根植于中国经济实力的，同时也是为了解决国内问题。而目前中国经济的前景黯淡，改革不利，这会大大降低中国海外投资的规模和力度，同时中国国内社会也有反对的声音。① 在这种情况下，波兰认为"一带一路"很难得到有效落实。尤其是在"十三五"规划提出之后，中国再次表明要进一步加大海外投资，这更需要国内制造业和强大的资本作为后盾。

第二，安全合作继续成为波兰关注的焦点之一。波兰认为，虽然中国一直倡导和平崛起和不干涉他国内政的外交原则，② 但当今中国积极参与全球维和行动的这一行为本身也说明中国愿意且有实力维护世界各大洲的安全问题。不过，中国面临的威胁也很多，而且各类威胁不仅仅来自于中国的周边国家，也出现在有海外华人的各个大洲。所以未来中国肯定会继续扩大其在亚洲以及其他洲的经济和安全活动。例如，目前中国在中东、非洲和欧洲的利益不仅仅是经贸务实方面，例如获得原材料、基础设施项目和寻求出口市场等，还有保护海外华人、防止恐怖主义扩散

① 参见 http：//www. obserwatorfinansowy. pl/tematyka/makroekonomia/dyplo-macja-pieniadza/。

② 参见 http：//peoplessquare. pl/2015/11/17/jeden-pas-jedna-droga-czy-wol-ny-han del-otwiera-mozliwosci-wygranej-dla-wszystkich/。

至中国国内和周边的目的。2016 年中国军费占 GDP 比例的持续上升也表明中国开始加强其军队建设。[①] 特别是中国不顾自身在伊朗的巨大石油利益，支持以美国为首的多国部队轰炸位于伊朗的伊斯兰国。同时中国默许俄罗斯在叙利亚的打击行动。这些态度本身就说明中国在必要的时候可以舍弃经贸投资等利益，以防止中国周边的安全问题加剧。

因此，波兰将"一带一路"理解为一种可能的中欧间的安全合作平台。波兰认为难民危机的进一步加剧会给中国在欧洲的利益带来严重的影响，尤其是希腊和巴尔干地区有着中国入欧的物流通道。所以，波兰精英呼吁欧盟以及欧洲各国需要将安全问题的合作提上与中国交涉的日程，"一带一路"也可借此成为中欧安全合作的第一步。[②]

第三，波兰精英将日本和韩国各自提出的全球战略相比较，指出了"一带一路"的优势和劣势。波方认为，"一带一路"倡议中中国政府推动的力度、互利共赢的宣传模式，以及目前亚投行等由中国创立的一系列融资机构，都使得其他国家重新思考本国在全球投资方面的方针政策。特别是中国的投资方式更加灵活，企业获得贷款的速度也更快。例如在中日竞争印尼高铁项目时这些优势得到充分的体现。在中国的影响下，日本首相安倍晋三开始呼吁亚

---

① 参见 http://csm. org. pl/pl/world/100-azja-3/1676-4-marca-2016-chiny-zwieksza-w-2016-r-wydatki-na-obronnosc-o-7-8？ highlight = WyJjaGlueSJd。

② PISM Strategic File no. 25（61）：Regional Cooperation Key to Polish-Chinese Strategic Partnership。

洲开发银行的贷款等手续需更加简捷、高效。从这一点来看，"一带一路"倡议的潜力远大于日本、韩国等类似规划的潜力，这是中国的优势。

中国的劣势在于，其投资模式与日本、韩国的不同。日韩更加注重高质量的基建投资，而且不仅仅是依靠国企和国家财政，私人企业也大量跟进，他们积极雇用当地劳动力。对此，波兰方面特别关注了日本提出的"高质量基础设施建设伙伴关系——亚洲未来五年投资倡议"（Partnership for Quality Infrastructure：Investment for Asia's Future Five-Year Initiative）。波方认为，高质量意味着环境友好、抗灾能力强、长期来看节约成本、为当地创造就业和培训当地劳动力。而纵观中国大量资本进入欧洲时，投资方还是雇用本土其他企业或劳动力参与项目的实施。此外，中国企业的短视会导致投资的实际成本要远远高于最初的计划。波方特别指出，粗放型、损害环境的低价投标可能会在前期依靠报价优势获胜，但是后期的维护成本是很高的。总之，波方认为，基础设施建设——特别是那些带有高度附加值的项目，要具有更加长远的规划目标，而不是单纯修桥建路。因此，波兰国内也有声音呼吁应该大力发展同日本和韩国基建战略的对接，将日韩企业引入波兰的基建市场。①

---

① 参见 http：//www. pism. pl/files/？ id_ plik = 21455。

三　中波关系中存在的问题

从上述波兰对中欧关系、中波关系、中国国内问题以及"一带一路"倡议的看法来看，中国应意识到中波关系中存在以下三个问题。

第一，波兰对"大国"的理解与中国的外交政策有一定偏差。在波兰看来，一个能够在国际社会有重大影响力的大国不仅应该是全球经济的引擎，还应该是各类地缘政治危机的积极参与者。因此波兰期待中国能够在欧洲目前遭遇的各类危机中发挥一定作用。正如波兰外长维托尔德·瓦什奇科夫斯基在 2016 年 4 月 25 日于中国社会科学院的演讲中提到的，"虽然欧盟的外交与安全政策十分重视欧洲周边国家的地缘政治问题，但同时欧盟也会跳出这一边界，与其他被欧盟视为最重要的战略伙伴国家建立联系，在这方面中国是我们首先需要建立联系的国家。任何与欧盟的战略伙伴关系——特别是中欧关系——都不应该局限于经济合作。'一带一路'倡议也应远远超越沿线国家之间的贸易和交通的互联互通"。习近平主席此次访问波兰，波方有可能提出对中国积极参与难民危机、乌克兰危机等欧洲安全问题的期待。对此，中国应谨慎回应，不能落入欧洲国家的思维模式之中。因为从欧洲的历史来讲，欧洲各国对任何一个大国的频繁活动都会产生疑虑。第一次世界大战前德国不断增加在欧洲和非洲的经贸、军事等活动，这立即招致其他国家的结盟以制衡德国。原本欧洲就认为中国已经具备了可以与欧洲合作处理各类危机的实力，如果中国再积极参与，那么会使得欧洲，尤其是西欧的德国、法国、英国等，加深对中国的疑虑，这将对"一带一路"的实施产生不利影响。

第二，由于双方需求不同，中国互利共赢的模式在波兰并未收到预期成效。波方一直认为中欧双方的关系以及中波双方的关系都不对等，其根本原因在于中国，特别是中国市场开放程度较低，信息不透明，导致波兰企业很难进入中国市场。而中国却可以通过大笔投资轻而易举打开波兰市场，占据市场份额。在政府合作方面，波兰认为中国政府官僚主义现象严重。例如波兰一直希望能够在北京开设一家独立于使馆的文化中心，但是在中国各类行政部门遇到重重阻碍。此外，波兰也对中国国内产能现状有所认识，认为中国目前将国内的钢铁等产能通过投资基建的方式输出到国外，但其质量和技术都与日本或欧洲企业存在一定差距，且附加值不高。总之，从经贸投资的务实合作到政府间的合作，在波兰看来都存在不对等的现象。事实上，这一问题是根植于双方需求的。中国目前面临产业升级的难题，急需欧洲的技术，同时出口钢铁等过剩产能。而波兰的需求在于为波兰对华投资提供一定保障，同时扩大对中国的出口。这需求的不同导致中波两国在对方国家投资或进行经贸合作时，对对方的期待不一样。中国期待其打开市场，扩大出口，而波兰则希望能够得到投资保护，中国政府需要在其中发挥一定作用。一个倾向于市场、一个倾向于政府，这一需求的不同导致波兰精英很难相信中国一直以来倡导的互利共赢模式。

第三，波兰依据自身国情来判断中国的国内问题，进而对中国外交政策认知出现一定偏差。在中东欧国家转型时期，波兰采取了激进式的转轨战略并收到了良好成效。在私有化、宏观经济稳定化、外贸和价格自由化、制度化等方面都有着丰富的经验。在波兰看来，中国目前的经济局势与转轨前的波兰有一定的相近之处，但中国虽然采取了渐进的经济改革之路，但是一系列的改革措施与经济局势相违背。这些因素导致波兰对中国经济前景的判断并不乐观，进而影响了波兰对中国的外交政策，尤其是对"一带一路"的评价。中国方面，虽然各界精英都致力于消解各国对"一带一路"的疑虑，但重点集中在"一带一路"不是什么，而很少有人说"一带一路"是什么。这种方式对波兰来讲，依旧无法准确把握"一带一路"的内涵。另外，中国在波兰以及其他国家的投资模式集中在并购，同时，年度投资额等也都是依靠一两个国企的大项目来拉动的，在波兰看来，这间接反映了中国国内民营企业的不景气，这也是波兰看低中国经济前景的原因之一。

里加峰会后"16+1合作"机制发展展望

龙静，上海国际问题研究院欧洲研究中心副主任

2016 年 11 月 5 日，中国—中东欧国家领导人第五次会晤如期举行。这次峰会在波罗的海国家拉脱维亚首都里加举行，各国共同制定并发表了《中国—中东欧国家合作里加纲要》和《中国—中东欧国家合作里加声明》。前者列举了过去一年各方共同努力取得的丰硕成果，以及各国共同认可的合作机制的未来发展方向与合作领域，后者重点提出了亚得里亚海—波罗的海—黑海三海港区基础设施及装备合作，体现出中国—中东欧国家合作，即"16+1合作"机制对交通运输基础设施建设所具有的地区性辐射效应的高度重视。更为重要的是，在这次会议上，各方都认识到，中国—中东欧国家合作提升了 17 国之间合作的深度和广度，具有旺盛的活力，已进入成熟期和收获期。① 这一共识

① 《中国—中东欧国家合作里加纲要》，参见中华人民共和国外交部网站（http：//www.fmprc.gov.cn/web/zyxw/t1413179.shtml），2016 年 11 月 6 日。

也可以看作各方对"16+1合作"机制过去五年的发展成效所做出的高度评价。

结合 2015 年苏州峰会上发表的《中期规划》,以及最新出炉的《里加纲要》和《里加声明》,"16+1合作"未来的发展方向和趋势也越来越清晰地呈现在各国面前。

一 跨境基础设施项目成为合作重点

2014 年,中国国务院总理李克强在参加第三次中国—中东欧国家领导人会晤时透露,中国、匈牙利和塞尔维亚三国达成协议,合作修建匈塞铁路。这个项目成为"16+1合作"框架下首个跨境基础设施建设项目,也成为中国—中东欧合作中的标志性项目。

与"16+1合作"框架下双边性质的基础设施合作相比,跨境项目具有独特的优势。从项目的启动和施工过程来看,由于项目规模相对较大,它对于启动资金和雇用劳工的需求量也相应扩大,有利于吸引多方投资和增加就业,形成互利共赢的局面。而从项目建成后运营阶段的预期效果来看,则能够惠及更广大的沿线及周边地区,产生更大的辐射效应。推动跨境基础设施建设合作,还有助于突破当前中国与中东欧国家经贸投资合作陷入双边瓶颈的困境。回顾历史数据就可以看出,中国与中东欧国家之间的经贸关系在 21 世纪的第一个十年内经历过飞速发展,贸易额从

2000 年的 30 亿美元以年均 32% 的增长率在 2010 年超过了 400 亿美元。[①] 但是从近几年的表现来看，虽然在 2014 年突破了 600 亿美元大关，但是上升速度明显放慢，而且两个"低比重"现象[②]也并没有得到改观。经贸关系的发展陷入"瓶颈期"，既有全球经济低迷、贸易不景气的大背景的影响，但更主要的原因还在于 16 个中东欧国家的体量、市场规模和消费能力等方面的限制。因此，发展跨境基础设施合作项目，从长远来看有利于连接各个国家和地区市场，推动跨国性的次区域市场形成和发展，提升这些次区域吸引投资的竞争力，吸引更多中国企业前往投资。

但是，不可否认，与双边合作相比，跨境合作的难度也相应扩大。首先，尽管这些国家都处于中东欧地区，但是彼此之间在经济水平、社会结构、政府财政情况等方面存在很大差别，因而导致它们在面对同一个项目时可能就出资情况、贷款条件、劳工雇用、技术支持等方面提出差异巨大的合作条件，这必然增加了中国方面的谈判难度。更重要的是，中东欧国家在欧洲的政治身份往往不尽相同。欧盟成员国和非成员国遵循不同的决策程序和法律规定，

---

① 《温家宝在中国—中东欧国家经贸论坛上的致辞》，参见中华人民共和国外交部网站（http：//www.fmprc.gov.cn/web/ziliao_ 674904/zyjh_ 674906/t833802. shtml），2011 年 6 月 26 日。

② 即中国与中东欧国家贸易占各自对外贸易总额比重低（不足4%）、占中国与欧盟贸易总额比重低（不足10%）。参见《温家宝在中国—中东欧国家经贸论坛上的致辞》，中华人民共和国外交部网站（http：//www.fmprc.gov.cn/web/ziliao_ 674904/zyjh_ 674906/t833802. shtml），2011 年 6 月 26 日。

因此中国与这些国家进行的项目谈判有时不仅仅涉及项目所在国本国的法律规定,往往还要考虑欧盟的政策法规,给谈判带来了更大的复杂性。同时,由于跨境合作涉及两个以上的国家,因此,构建起一个小多边的协商谈判平台,保证它高效透明地运作,不仅在中国与合作国之间发挥磋商作用,还要协调合作国之间可能的分歧,也是中国作为合作主导方面临的巨大挑战。

匈塞铁路自2013年达成合作意向以来,为了推进项目的尽快启动,在过去三年的时间里,举行了六次中匈塞交通基础设施合作联合工作组会议。当前其塞尔维亚段已经正式动工,这也标志着小多边型的跨境合作项目在中东欧地区开始进入实质推进阶段。虽然项目的进展比原定计划有所推迟,[①] 但是中国在谈判和协商的过程中积累了大量的经验,包括商定融投资比例和利率问题、达成环评、劳工、技术等标准方面的共识,尊重和遵守各方的法律规定等。这些经验对"16+1合作"机制内今后的跨境项目的启动和推进都大有裨益。

里加会议上,"16+1合作"机制在跨境基础设施合作方面又有了新的推进。此次会议提出了开展亚得里亚海、波罗的海、黑海三大港区基础设施和装备领域的合作,并建设现代公路、铁路以及河运通道,最终实现这些港区之

---

① 李克强总理在2014年年底表示希望在两年内建成。参见《李克强在第三次中国—中东欧国家领导人会晤时的讲话》,新华网(http://news. xinhua-net. com/world/2014—12/17/c_ 1113676519. htm),2014年12月16日。

间的互联互通。这一发展计划所涉及的将不仅仅是港区所在的国家，还有港区之间运输通道的沿线国家，因此可以说，这一计划将成就更多具体的跨境基础设施合作项目。会后文件还强调要"加强政府统筹协调，建立和完善合作机制，搭建沟通协商平台"，① 这也充分表明，作为对跨境项目的支持与配合，"16＋1合作"机制正在从双边协商向多边协调的方向做出积极尝试。

二　人文交流地位不断提升

尽管"16＋1合作"的核心目的是推动中国与中东欧国家在经济领域的合作，但人文交流从这一机制创立之初就是其中的重要组成部分。仅从历年发表的纲要就可以看出，合作机制中人文交流的内容不断增加，领域不断扩大，规模不断提升。在《布加勒斯特纲要》中，人文交流合作的内容仅列出了6条，而在最新公布的《里加纲要》中，人文交流板块中的内容扩展至二十条，涉及智库对话、教育对接、媒体互访、青年互动、旅游推介、文学艺术交流及签证便利化等方方面面。

人文交流在今后"16＋1合作"机制中的重要意义还将进一步提升。主要原因在于以下几个方面。首先，非经

---

① 《里加声明》，中华人民共和国外交部网站（http：//www.fmprc.gov.cn/web/ziliao_674904/1179_674909/t1413197.shtml），2016年11月6日。

济领域的丰硕成果可以与经济领域的成果相辅相成,维持"16 + 1 合作"机制的活力与热度。"16 + 1 合作"机制启动以来,已经在经济合作领域取得了不少成果,而且有更多的合作项目处于正在磋商或已经启动的阶段。但是,由于这些合作项目大多属于基础设施建设,磋商过程复杂,启动和推进的过程相对较为缓慢,建设速度容易受到多方因素的影响,要实现预期的经济效益和社会效益往往需要更长的周期,因此,相比之下,人文交流形式丰富,领域繁多,筹备周期短,行为主体多元,社会效应广,更容易在短期内取得明显的成效,构成合作机制的"早期收获",使各国民众持续性地体验和感受到"16 + 1 合作"机制的积极存在。其次,加强人文交流也是应对"过高期待"和"理性现实"之间"落差"的有效途径。在"16 + 1 合作"的早期阶段,各个中东欧国家对于中国的这一倡议表现出积极热情的支持态度和很高的期待,这具体表现在各个中东欧国家与中国之间的政治互动往来频繁,一系列合作意愿在政治层面达成。但是不容否认的是,由于中东欧各国在经济发展水平、基础设施情况等方面存在较大差异,并不是每个中东欧国家都能够迅速找到具体合适的经济类合作项目,也不是所有的合作都符合各方的预期,一帆风顺。因此,在个别中东欧国家内不免出现了一些政界人士对这一合作机制的失望心理。面对这一问题,除了更为努力地寻找经济合作的机会之外,还可以通过发展非经济领域的诸多合作来加以补偿。在人文交流方面形成开花结果的丰硕局面，同样可以构成"16+1合作"中的亮点。此外，人文交流也是营造良好政治环境与商业环境的重要手段之一。可以预见，随着越来越多的中国投资进入中东欧市场，不可避免地会出现劳资之间、本土企业与外资企业之间、经济效益与社会责任之间的多种摩擦。在一个对华友好的环境内，这些摩擦易于化解，而反之，则可能造成问题的发酵，导致舆情向着不利的方向发展。因此，人文交流对于中国在中东欧地区顺利开展商业活动而言，发挥着隐形却重要的"保驾护航"的作用，应以更大的力度在"16+1合作"机制中得到推进。

然而，今后的人文交流主要面临以下挑战。首先，交流内容还停留在人员交流和文化交流的层面，没有充分深入思想交流、价值观交流等对于中国软实力提升而言更为核心的层面。其次，当前的人文交流出现了中方对外输出量大、可见度高而中东欧国家对华宣介规模小、知晓度低的不平衡现象。这种现象亟待调整。

三　16国自主性日益增强

"16+1合作"机制是由中国政府在2012年正式提出，并得到了16个中东欧国家的积极支持和热烈相应。如果说，在"16+1合作"机制早期发展的三四年时间，中国作为倡导者发挥了引领和主导的作用，那么随着这一机制转入成熟期，中东欧的 16 个国家也开始积极地参与到这个机制的规划和发展进程中，越来越多地体现出自主性。主要表现在以下三个方面。首先，在过去四年中，中国领导人利用每年一次的领导人会晤、与多位中东欧国家领导人之间频繁的互访机会，利用多种国际场合，积极阐述包括"16＋1 合作""一带一路"倡议等在内的中国发展理念和战略。这些主动宣介的作为激发了各国深入了解和研究"16＋1 合作""一带一路"等中国倡议的积极性。政界的重视也推动了学界的参与。越来越多的中东欧智库或高校在近年来发起组织相关研讨活动。近年来，这些国家提出的问题已经从"'16＋1''一带一路'到底是什么"逐渐转变成为"我们该如何参与"，这充分说明这些国家对中国倡议的了解程度在不断提升。其次，近年来，中国提出了将中方提出的倡议与各国本国的发展战略相结合的建议。这进一步激发了各国的自主性，努力希望能够搭上中国经济发展的快车，推动本国战略的加速发展和落实。因此也进一步加大了对接研究。最后，过去四年内，"16＋1 合作"创造性地设立了领域联合会机制。领域联合会由某一个国家牵头，其他国家、企业或机构以自愿为原则决定是否参与。目前，已经成立了由塞尔维亚牵头组建的中国—中东欧国家交通基础设施合作联合会，由斯洛文尼亚牵头组建的中国—中东欧国家林业合作协调机制，由保加利亚牵头组建的中国—中东欧国家农业合作促进联合会，由拉脱维亚牵头的中国—中东欧国家物流合作联合会等。这种形式得到了中东欧各国的积极支持，并调动起更高的积极性。例如，罗马尼亚提出了建立能源项目对话与合作中心倡议，有意成为次区域内能源问题的牵头国家，拓展能源领域的未来合作。

四 面临挑战的复杂性不断上升

值得引起重视的是，随着"16＋1合作"机制从以提升政治互信、明确合作共识的机制构建阶段，发展到以推动具体的合作项目为主要任务的务实合作阶段，其所面临的挑战也呈现出复杂化的趋势。

首先，世界经济复苏乏力的态势和个别国家经济下行的压力并存，加大了"16＋1合作"机制取得更大经济成果的难度。在复苏乏力的经济环境下，市场需求萎缩，企业扩大投资的积极性也大打折扣。同时，政府的财政情况也陷入困境，受制于公共赤字方面的严格限制，很多中东欧国家即使有更新基础设施的迫切需要，但也难以启动相关项目。

其次，随着越来越多合作项目进入全面实施阶段，涉及劳工福利、薪酬待遇、环境保护、企业社会责任等方面的具体问题也浮出水面。这些问题不可能在政治高层达成合作意向或签署合作协议时就预见并解决，只能在项目推进的过程中通过企业与企业之间、企业与政府之间的协商谈判，遵循市场规律和当地法律规定来得到妥善应对。这个过程对于企业对当地法律制度的了解和尊重程度，以及应对突发问题的危机处理能力和公关水平等都提出了挑战。

最后，欧洲持续不断的多重危机也对投资者的信心、项目的正常推进和运营构成了威胁。例如，近年来的"阿拉伯之乱"导致巴尔干半岛成为从西亚北非地区涌入的数以万计的难民选择的一条进入欧盟境内的陆上通道。这些难民大多通过巴尔干半岛上的铁路等基础设施由南至北迁移，导致斯洛文尼亚、克罗地亚等国一度封闭沿线铁路运输。斯洛文尼亚和匈牙利两国作为申根国家更是一度临时关闭边境，对申根条约构成了严重威胁。中国正积极推动的匈塞铁路、中欧陆海快线等都贯穿巴尔干半岛，涉及申根区和非申根区、欧盟境内和境外，因此难民偷渡问题将可能对这些线路的未来运营造成很大影响。再如，新一轮的恐怖主义发展态势将欧洲作为打击对象。近年来欧洲不少城市或地区先后爆发了恐怖主义袭击事件，欧洲安全形势正在被重新评估。除此之外，欧洲内部不断上升的民粹主义、极端主义思潮也正在成为影响对欧投资的不利因素。虽然中东欧地区的民粹主义和极端主义思潮发展不如一些西欧国家内如此迅猛，但一直以来西欧地区对中东欧地区的巨大影响力使得这种思潮的蔓延不容小觑。

五 政策建议

首先，"16＋1合作"机制应以项目为基础，创建更多小多边各领域协商沟通平台，在不断积累实践经验的同时，加强中国参与次区域合作，构建小多边外交机制的理论研究。

其次，进一步发展人文交流，使之成为"16＋1合作"机制中与政治互信、经贸往来并重的三大支柱之一。为了起到更有效的增信释疑、构建互信、抵御极端主义和民粹主义思潮的积极作用，应往更深层次的思想交流、价值观交流等方向拓展，将理论自信、道路自信和制度自信传播到这些合作国家中。

最后，加大对16个国家的经济与社会状况的跟踪研究和风险评估，积极筹备各种突发事件的应对预案，积累相关案例经验。特别要密切关注当前欧洲各类危机和思潮的演变情况，以及它们对中东欧国家产生的潜在和深远影响。

中国基建企业在中东欧：经验与教训

张利华，清华大学国际关系研究院
中欧关系研究中心主任、教授

2013 年，习近平主席提出了"一带一路"倡议，中国企业在中东欧国家承包工程项目逐渐增加。2015 年，中国与中东欧国家签订了 9 个 1000 万美元以上的电站、电信、炼油厂等工程项目合同。[①] 2015 年 11 月 24 日，中国与中东欧国家"16 + 1"合作框架规划发布后，中国与中东欧国家的经贸合作进一步发展。

中国基建企业在中东欧国家承包交通设施工程项目亦有进展。2015 年 11 月，中国中铁宣布，中铁国际与铁路总公司旗下的铁总国际、匈牙利铁路公司在匈牙利组建联营体，作为匈塞铁路项目匈牙利段总承包商。匈塞铁路项目估算总额折合人民币约 100 亿元，其中铁总国际和中铁国

---

① 数据来源：中国对外承包工程商会编著《中国对外承包工程发展报告 2015—2016》。

际共持有 85% 的份额。① 在 2016 年 11 月的里加峰会上，由铁总国际与中国交通建设股份有限公司（简称中交建）组成的联合体与塞尔维亚政府签署了匈塞铁路塞尔维亚段的一期工程项目商务合同。

2016 年 5 月，由中国交通建设股份有限公司、中国路桥工程有限责任公司合作承建的黑山南北高速公路斯莫科瓦茨—马泰舍沃段开工。本项目新建路段以桥梁和隧道工程为主，桥隧比近 60∶100，是该项目中技术难度和施工难度最大的路段。计划于 2019 年 3 月完工。该公路建成后将并入国际公路交通网，连接中部欧洲的多个国家。黑山总理久卡诺维奇将这一公路建设项目称为"历史性工程"。②

中国企业在中东欧国家完成的最成功的一个基建项目是塞尔维亚泽蒙—博尔察大桥工程。该项目由中交建所属的中国路桥工程有限责任公司承包，2011 年 10 月 27 日开工，2014 年 12 月竣工通车。2017 年 1 月，该项目顺利通过了业主的最终验收。泽蒙—博尔察大桥项目是塞尔维亚近 20 年来第一个在预算范围内按时优质完工的大型项目。③ 这

---

① 戴小河：《中国中铁将参与匈塞铁路项目建设项目总额 100 亿》，新华网（http：//news. xinhuanet. com/overseas/2015—11/26/c_ 128471735. htm），2015 年 11 月 26 日。

② 王慧娟：《中国企业承建的黑山南北高速公路项目莫拉契查大桥开工》，新华网（http：//news. xinhuanet. com/world/2016—05/26/c_ 1118939347. htm），2016 年 5 月 26 日。

③ 《塞尔维亚泽蒙—博尔察大桥及附属连接线项目第一分段顺利通过终验》，参见中国路桥工程有限责任公司网站（http：//www. crbc. com/site/crbc/zwjgdt/info/2017/4279. html），2017 年 1 月 19 日。

是中国企业第一次在欧洲建设特大型桥梁,也是中国企业走进中东欧市场的"第一张名片"。

中国基建企业在中东欧国家承包工程项目有成功的经验,也有失败的教训。笔者通过访谈承包中东欧国家基建工程项目的企业领导和技术人员,总结典型的成功案例和失败案例,归纳中国基建企业在中东欧国家承包工程项目的成功经验和失败教训,得到一些启示并提出建议。

一 成功经验

分析中国路桥工程有限责任公司承包塞尔维亚泽蒙—博尔察大桥工程项目的成功案例,其成功的经验有以下几点。

(一) 合理竞标

中国路桥工程有限责任公司在竞标项目之前,在当地进行了深入细致的调研考察,充分估算了地质、地理环境、环境保护以及当地原材料和劳动力市场的行情,对项目合同做了扎扎实实的预算,没有以低价去竞标,而是以高质量、高效率的合理价格去竞标。竞标合同加入保护竞标企业的各种条款。投标成功后,该项目还获得了中国进出口银行的优惠贷款,为项目的顺利实施奠定了资金基础。这种充分估计各种困难和花费做出预算的竞标方式得到了招标方的信任。项目实施过程中基本没有发生资金短缺而误工的现象。

（二） 优质管理

泽蒙—博尔察大桥总投资约 1.7 亿欧元，桥长 1482 米，主跨长 172 米，这一跨度在同类桥梁中位列中国第二，世界第九。中国路桥工程公司凭借过硬的工程质量和精细化的质量管理如期完成了这一高水平的桥梁建设。该公司的质量意识很强，对工程建设的质量管理和检验非常严格。

项目部及时上报 1#桥台施工方案并根据监理意见不断完善，在现有结构物防护、居民房屋防护、边坡稳定性、围栏计划、安全隐患排查、污水管线设计、防水墙设计、施工安全防护、环保等方面做了充分准备，并充分协调施工时间，尽量避免施工噪声影响当地居民休息。[①]

为了保质保量如期竣工，中国路桥工程公司制定了一系列奖励技术人员和工人的制度。2014 年的春节，项目的很多工人和所有管理技术人员坚持守在大桥上等待着主跨

---

① 李杰：《塞尔维亚泽蒙—博尔察大桥泽蒙侧施工正式启动》，参见中交二航局第四工程有限公司网站（http://www.wh-eh.com/news/qiyexinwen/2016/1017/6575.html），2013 年 1 月 27 日。

合龙。① 中国工程师对待工作的认真态度得到了塞尔维亚方面的高度赞赏。在 2015 年 10 月 3 日举行的泽蒙—博尔察大桥通车典礼上，塞尔维亚总理亚历山大·武契奇对中国路桥工程师和工程人员在该项目施工过程中的卓越表现以及为塞尔维亚经济社会发展所作出的贡献予以了高度评价，称赞泽蒙—博尔察大桥项目是塞尔维亚近几十年来质量最好的基建工程。②

（三）奉献社会

泽蒙—博尔察大桥项目的中方员工与塞方员工比例是 1∶3 左右，中方员工 233 人，塞方员工 718 人，项目的 46.6% 的工程建设由当地企业分包施工，给当地增加了就业机会，并带动了贝尔格莱德市基础设施市场的发展。③ 这种增加当地就业，造福于当地人民的工程得到了塞尔维亚人民的赞许。大桥建成通车后，成千上万的塞尔维亚人前去观赏，并亲切地将其称为"中国桥"。

---

① 李思默：《泽蒙—博尔察大桥：绘就中东欧市场首张名片》，央广网（http：//china. cnr. cn/yaowen/20141218/t20141218_517143161. shtml），2014 年 12 月 18 日。

② 参见《中国交建国外交完美答卷　塞尔维亚泽蒙—博尔察大桥建成通车》，慧聪工程机械网（http：//info. cm. hc360. com/2015/10/130932601993. shtml），2015 年 10 月 13 日。

③ 高美：《李克强将出席中国在欧修建首座大桥竣工仪式》，中国新闻网（http：//www. chinanews. com/gn/2014/12—18/6887328. shtml），2014 年 12 月 18 日。

中国路桥公司秉承"筑路架桥,奉献社会;以人为本,追求卓越"的企业理念,大力推广"路通五洲,桥跨四海"的企业形象。该公司在世界各地的办事机构举办了许多公益事业,如免费为当地医院维修道路,捐赠药品和医疗设备;免费为村庄改建供水管道,打井修渠;免费修建小学,并承担孩子们的学习用品。中国路桥不仅在物质上支援驻在国百姓,还竭力丰富他们的精神生活:组织当地小学学生参观工厂;在当地开办露天影院;冠名足球赛事。这一系列积极融入当地生活的行动,使各国群众对中国产生了浓厚的兴趣和感情,有力地提升了中国的国家形象。① 在塞尔维亚泽蒙—博尔察大桥工程施工期间,中国路桥也在当地做了一些公益事业,得到了当地政府和百姓的认可与好评。

(四) 善于沟通

塞尔维亚泽蒙—博尔察大桥工程项目开工不久,2012年塞尔维亚政府换届,该工程的泽蒙侧拆迁问题成为巨大的难题。中方项目部负责人与新任塞尔维亚政府部门的领导人进行了密切的沟通,并与业主频繁举行现场进度会、业主例会等,克服种种困难,最终解决了拆迁难题,使项目得以继续进行。

---

① 参见中国路桥工程有限责任公司网站 (http://www.crbc.com/site/crbc/shzrln/index.html)。

二　失败教训

中国企业承包东欧国家的基建工程项目，也有失败的教训。最为典型的是波兰 A2 高速公路建设项目。这个失败案例提供了深刻的教训，归纳起来有以下几点。

（一）低价竞标

某中国企业在一个东欧国家以超低价竞标拿到了项目。为了竞标成功，该企业不仅投标价格极低，而且接受了对方许多苛刻的条件，在合同中取消了许多保护承包商的条款，譬如，业主垫付工程启动款，工程实施过程中如遇事先未估计到的困难，承包商可以要求业主适当增加工程款等。这些基本保障被取消，该集团在开工时就不得不自己垫付启动款，开工过程中遇到了种种意想不到的困难，在施工过程中发现很多工程量超过项目说明书文件的规定数量，如桥梁打入桩，项目说明书规定为 8000 米，实际施工中达 6 万米；桥涵钢板桩，项目说明书中没有规定，可实际工程中所有的桥都要打；此外，软基的处理数量也大大超过预期。造成这么大工程变更的原因是对当地地质条件缺乏了解，"项目说明书上的很多信息并不清晰，但由于这是一个设计施工总承包项目，后来发生的实际工程量很难被界定为工程变更"。由于这些变更得不到业主方的承认和相应补偿,中方不得不垫付资金以继续施工,导致资金链紧张,向对方公路管理局提出调价,但对方表示要"按照合同来"。① 由于缺乏资金而不能按期完工,最后不得不放弃该工程。该企业遭受了重大经济损失。可见,在海外用低价或超低价竞标工程项目的方式是绝对不可取的。

(二) 法治观念淡薄

国际工程承包的项目投标、管理、建设等是一个系统的法律工程,项目的任何内容都要靠法律合同来界定与保障。中东欧国家不少是欧盟成员国。中国企业在欧盟成员国的中东欧国家承包工程项目,不仅要遵守所在国法律,更要遵守按照欧盟法,并且要得到欧盟的批准。

中国某企业在竞标中东欧某国高速公路项目过程中,由于没有深入细致地了解欧盟法和所在国的法律,在投标合同中取消了保护自身权益的条款,竞标虽然成功,但启动资金不足。项目实施过程中,由于不了解欧盟和所在国环保法,没有把工程建设中涉及的环保和保护动物的花费预算在合同中,结果项目经费严重超标,向业主提出增加资金遭拒后,导致工程款严重短缺,不能按时支付分包商的钱款,使工程拖延,最后不得不撤出该项目。

---

① 向鹏成、牛晓晔:《国际工程总承包项目失败成因及启示——以波兰A2 高速公路项目为例》,《国际经济合作》2012 年第 5 期。

（三） 管理不善

中国企业在中东欧国家获得基础建设工程项目后，在管理方面，面临着分包、代理、技术设计、认证制度等种种问题。

中国企业竞标成功中东欧国家工程项目后，所在国要求中方必须与当地相关企业签订分包合同。中方企业如果事先不详细了解当地分包商的底细，不了解当地原材料的市场行情和劳动力市场行情，就会遭受重大损失。譬如，中国某企业在承包中东欧某国高速公路项目时，由于没有做好诸如此类的准备，缺乏对当地原材料市场、劳动力市场和分包商情况的了解，没有做到与分包商的利益绑定，没有依据完备的风险清单进行详细的风险分析，并制订相应的风险应对计划，结果在项目实施过程中遇到了各种各样的困难，付出了惨重代价。

三 改进建议

（一） 合理竞标

中国基建企业在中东欧国家竞标工程时，要充分计算成本，充分估算可能遇到的困难和花费，充分考虑企业自身的利润。在此基础上提出合理的竞标预算，而不要靠低价或超低价竞标取胜。低价竞标不仅会使自身受损不盈利，而且会引起欧洲国家竞标者的猜疑和怨恨，同时给企业自身增加困难。

竞标基建工程项目时，中国企业要事先认真研读相关资料，聘请高水平的专业英语翻译准确地翻译招标文件的全文。要组织专业技术人员到工程现场勘查，进行当地市场调研。对项目所在地的地质、水文、气候、环境进行充分的了解，对现场资源、施工机具、交通运输等情况进行全面了解。考虑到动物保护所需的花费，还要全面细致地了解当地的语言文化、民俗风情、宗教信仰、生活习惯，了解当地的经济发展水平、工业技术以及建筑行业的水平。在做好全面、深入细致的调研考察之后，结合自身情况编制详细的技术标书、商务标书，并将各种困难和风险因素反映到报价中，合理竞标，坚决杜绝急于拿下项目而低价竞标。

（二）维护权益

国际工程招标通用的菲迪克条款（FIDIC）规定了一些保护承包方的条款，中国企业在竞标过程中应当坚守这些底线。如业主应在开工前向承包商支付垫款作为启动资金。如果因原材料价格上涨造成工程成本上升，承包商有权要求业主提高工程款项；同时菲迪克条款明确指出，承包商竞标时在价格表中提出的工程数量都是暂时估计，不应被视为实际工程数量，承包商实际施工时有权根据实际工程量的增加要求业主补偿费用。菲迪克条款规定，如果业主延迟支付工程款项，承包商有权终止合同。在承包合同中，这些国际通用的条款一定要保留，这是承包工程的底线，也是保障承包者基本权利的底线。

中东欧国家的政府对企业的管理和影响作用不像中国那样大。企业之间的纠纷主要靠合同、协商和法律条文来解决。政府部门对企业的影响和作用没有那么大，不要把在中国惯用的一套搬到欧洲国家。

（三）优化管理

中国企业在实施承包工程项目过程中，不仅要保持项目管理的国际化和先进性，还要建立工程完工后的运营维护系统。

中方企业在中东欧国家承包工程过程中，要团结合作，从国家利益大局和企业长远利益出发，不要互相拆台，互相内斗。要做好海外承包工程项目的优惠贷款和相关保险事宜。

在项目建设过程中，要建立一整套严格管理和监督质量的制度和程序，严把质量关。要有专门的质量责任人，检查和监控质量情况，及时组织有关人员分析和评估质量问题。不要指望依靠较低的生产要素价格优势抢占承包市场。要走智力密集、技术密集和资金密集的道路，提高管理水平。"通过人力资源管理、合同索赔管理、风险管理等对项目进行全员、全方位、全寿命周期的管理；通过对项目相关资源进行系统整合，合理使用项目管理技术和应用工具，进行项目的集成化管理，从而实现项目管理效益的最大化。不断向国际惯例靠拢，向国际化管理水平看齐。"①

　　要加强中国企业之间的信息交流和行业互助。在中东欧国家成立自己的商会，通过商会这个平台为中国企业提供一些信息服务和法律咨询，与所在国政府、工会、媒体以及行业协会展开平等的对话、交流与沟通。

---

　　① 向鹏成、牛晓晔：《国际工程总承包项目失败成因及启示——以波兰A2 高速公路项目为例》，《国际经济合作》2012 年第 5 期。

中国—中东欧出版合作现状与机制探索

林温霜，北京外国语大学欧洲
语言与文化学院副院长

近年来，在"一带一路"倡议及"16＋1合作"框架下，中国与中东欧国家在经贸、金融、旅游、教育、农业、人文等诸多领域取得了丰硕的成果。2016年是"中国—中东欧人文交流年"，在此背景下，人文领域的交流渐趋深化。如果说文化交流是民心相通的重要载体，那么，出版业在推动中国与中东欧各国人文交流、促进双方民心相通方面发挥的作用更是长效的、全天候的。出版合作所携带的双方的思想交流、文化互动以及心灵沟通都在很大程度上加深和延展着"16＋1合作"的深度和广度，因此也具有特别的意义。

2016年，中东欧在各大国际书展上都收获了前所未有的关注——美国书展、北京书展、法兰克福书展，以及2017年的伦敦书展。与此同时，中国与中东欧国家在出版领域开展的双边以及多边合作也呈现出良好的发展态势。

一 中东欧图书出版的引进

（一）中东欧图书在中国的翻译出版

根据国家新闻出版广电总局图书在版编目数据显示，2013 年以来，我国从中东欧国家翻译出版的图书品种数较过去有所增加，截至 2016 年 8 月，合计达 600 余种，占2000 年以来翻译出版总量的近 50%。其中，从波兰、匈牙利、捷克三国引进的图书均超过 100 种；斯洛文尼亚、罗马尼亚、塞尔维亚、斯洛伐克、保加利亚、马其顿、克罗地亚、阿尔巴尼亚 8 国在 20—60 种之间浮动；立陶宛、波黑、黑山、爱沙尼亚和拉脱维亚 5 国在 10 种以下。

由于中东欧国家均具有优良的文学创作传统，成果丰硕，因此文学类图书成为译介出版的主角。数据显示，截至 2016 年 6 月，已有 300 余种中东欧国家文学类图书译介至中国，成为引进图书的第一大类。

对中东欧文学类图书的集体引进，近年来成绩最为突出的是广东花城出版社"蓝色东欧"丛书。该套丛书计划囊括东欧近百部经典文学作品。截至目前，丛书已出版四辑，共收录东欧国家的具有艺术性、思想性、代表性与当代性的经典文学作品 36 部。丛书以小说为主，适当考虑优秀的传记、散文和诗歌等作品，翻译对象为20世纪东欧杰出作家。译本尽量从原文译介，也包括从英语和法语等权威版本转译。

"蓝色东欧"丛书第一辑收入阿尔巴尼亚著名作家伊斯梅尔·卡达莱的三部小说《石头城纪事》《错宴》与《谁带回了杜伦迪娜》，波兰作家塔杜施·博罗夫斯基的《石头世界》，罗马尼亚作家加布里埃尔·基富的《权力之图的绘制者》，以及罗马尼亚卢齐安·拉加的《罗马尼亚当代抒情诗选》；第二辑出版了捷克作家伊凡·克里玛的传记《我的疯狂世纪》与五部小说《我的金饭碗》《一日情人》《终极亲密》《等待黑暗，等待光明》《没有圣人，没有天使》，波兰作家兹比格涅夫·赫贝特的散文《花园里的野蛮人》《带马嚼子的静物画》《海上迷宫》，以及匈牙利作家瓦莫什·米克罗什的小说《父辈书》；第三辑出版了波兰诗人切斯瓦夫·米沃什的《第二空间——米沃什诗选》与散文《乌尔罗地》《路边狗》，波兰诗人亚当·扎加耶夫斯基的《无止境——扎加耶夫斯基诗选》与散文《捍卫热情》，波兰作家斯塔尼斯瓦夫·莱姆的小说《索拉里斯星》，匈牙利作家查特·盖佐的《遗忘的梦境——查特·盖佐短篇小说精选》，罗马尼亚作家卢齐安·布拉加的《神殿的基石——布拉加箴言录》，斯洛文尼亚诗人托马斯·萨拉蒙的《十亿个流浪汉，或者虚无——托马斯·萨拉蒙诗选》，以及捷克作家卡雷尔·恰佩克的小说《流星——卡雷尔·恰佩克哲学小说三部曲》；第四辑出版了卡达莱的三部小说《耻辱龛》《三孔桥》与《接班人》，捷克作家博胡米尔·赫拉巴尔的四部小说《绝对恐惧》《严密监视的列车》《雪绒花的庆典》与《温柔的野蛮人》，捷克作家弗拉迪斯拉夫·万楚拉的小说《无常的夏天》，波兰诗人赫贝特的《赫贝特诗歌精选》，以及匈牙利作家马利亚什·贝拉的小说《垃圾日》。

而中东欧文学大家，如捷克的哈谢克、伏契克，波兰的显克维奇，则与其他世界文学巨匠一道，在国内保持着长期的且较为均衡的译介热度。

在儿童文学方面，我国引进的中东欧国家童书尤以波兰作家创作出版的绘本最盛。吉林出版集团的"金色童年图画书系"辑录了中东欧 16 国丰富多彩的民间故事；接力出版社引进了捷克经典图画故事丛书《鼹鼠的故事》；广西师范大学出版社出版了波兰女作家伊娃娜·奇米勒斯卡的《上学的路》《有麻烦了》《会思考的铅笔》等绘本；安徽少年儿童出版社出版了捷克视觉插画大师萨塞克编绘的《THIS IS 米先生的世界旅游绘本》；新星出版社引进了波兰普热梅斯瓦夫·维和特洛维奇《小鱼和太阳》以及《我爱你，老虎先生》等。2016 年 8 月的北京国际书展上，又有多种中东欧现当代儿童文学翻译出版。

（二）对哲学与第二次世界大战历史等出版选题的关注

中东欧国家是新中国成立后与我国建交的第一批国家，普遍与中国有着传统友谊，而第二次世界大战期间中国与中东欧国家或其原属国均有被侵略和干预的共同命运，因此，在出版选题上，中东欧国家的马列哲学著作以及第二次世界大战历史类题材的图书出版在我国保持着相当的热度。近年译介出版的中东欧马克思主义研究成果，以黑龙江大学出版社的"东欧新马克思主义译丛"最为夺目。该套丛书囊括了东欧诸国现当代哲学家代表著作，系统引进并翻译了以南斯拉夫"实践派"，匈牙利"布达佩斯学派"，波兰及捷克、斯洛伐克等国的新马克思主义思想家为代表的"东欧新马克思主义"的著作，对于深刻、完整地理解20世纪马克思主义的发展历程和社会主义实践，推进我国的马克思主义研究具有重要价值。《东欧新马克思主义译丛》项目已出版39种（43分册），主要有：波兰哲学家科拉科夫斯基的《马克思主义的主要流派》、沙夫的《马克思主义与人类个体》、匈牙利马克思主义思想家赫勒的《社会主义的人道主义》等。

中东欧部分国家第二次世界大战中饱受法西斯蹂躏，虽时过境迁，也经历了20世纪90年代的政治、经济及社会、文化等全方位的转型，但近年来在中东欧国家仍然先后出版了不少记录第二次世界大战、反思纳粹的历史类图书。共同历史记忆使国内出版机构对这类选题非常热衷，这也为我国读者提供了多角度、多侧面了解第二次世界大战史与法西斯罪行的鲜活史料。如人民文学出版社引进的《焦点不太准——卡帕二战回忆录》再现了匈牙利战地摄影记者罗伯特·卡帕随盟军出生入死，转战大西洋、北非、欧洲的历程。① 中国青年出版社出版的波兰裔英国作家哈莉克·科汉斯基所著的《不折之鹰——二战中的波兰和波兰人》以颠覆性的史料与视角，呈现了一部不同于传统理解的第二次世界大战历史著作。

二　中国出版走出去

（一）中国图书在中东欧的译介出版亮点

中国对中东欧文学，无论是古典文学还是现当代文学的引进、译介一直没有中断，还在几个时期呈现繁荣态势。但中东欧国家对中国文学译介的关注却很少，原因就是作品数量少。大多数汉学家和汉语译者仍然对中国古典文学的翻译和研究情有独钟，如《诗经》《易经》《三十六计》《红楼梦》等，而对中国当代文学翻译出版的并不多，研究也很有限。此外，作品的选译完全是译者的偶然行为，并未呈现出对中国当代经典文学作品的整体关注。这一"厚古薄今"的状况因为莫言获得诺贝尔文学奖和中国国家领导人的言论著作结集出版两个契机而有所改观。

---

① 参见徐来《从 CIP 数据看我国与中东欧 16 国出版交流——文学书成译介主角　国际合作动作频频》，《中国新闻出版广电报》2016 年 8 月 24 日第 6 版。

亮点一：莫言作品的译出

自 2012 年莫言获得诺贝尔文学奖之后，莫言的作品在中东欧的译介传播成为中国和中东欧文学交流的一个重要窗口。据不完全统计，截至 2015 年 1 月，莫言的 10 部作品在中东欧国家被翻译出版共计 14 版，其中 2012 年后出版了 8 版，主要集中在《生死疲劳》《蛙》和《酒国》3 部作品的翻译。莫言的作品在中东欧掀起的热潮，一方面是借诺贝尔文学奖的巨大影响力，另一方面也可以看出，随着中国在世界舞台上扮演的角色和大国地位越来越突出，文化产品对欧洲民众也产生了吸引力，这正是文化软实力提升所带来的结果。当然，另一个重要原因也在于当前中国—中东欧合作领域的延展，充分激发了双方民众对对方文化的认知渴望。

亮点二：《习近平谈治国理政》及对"中国梦"思想的相关解读

随着中国国力的不断提升，中国模式在同为社会主义阵营的前东欧国家引起了人们探究的兴趣。中东欧国家的读者对中国国家领导人的执政理念及其所承载的东方智慧的关注程度不断提高。

近年来，在中国出版走入中东欧的进程中，《习近平谈治国理政》一书表现不俗。继 2015 年与匈牙利安道尔知识中心、阿尔巴尼亚凡诺力（Fan Noli）出版社签订协议，合作翻译出版《习近平谈治国理政》匈牙利文、阿尔巴尼亚文等版本之后，2016 年 3 月，中捷签署中国主题图书合作出版备忘录，明确了两国以《习近平谈治国理政》捷克文版为启动作品，在合作出版方面建立战略合作伙伴关系。另外，《中国道路与中国梦》《中共十八大：中国梦与世界》等"解读中国"系列图书版权也成功向中东欧国家输出。2016 年 8 月，北京国际书展开幕当天，该社就与阿尔巴尼亚凡诺立出版社签订《中国》、"解读中国"系列图书阿尔巴尼亚文版版权输出协议，开创了该社阿尔巴尼亚文版权贸易的先例。

《习近平关于实现中华民族伟大复兴的中国梦论述摘编》保加利亚文版 2015 年 1 月在保加利亚首都索非亚首发。该书由保加利亚东西方出版社根据中共中央文献出版社出版的中、英、俄文版编译而成。东西方出版社一直致力于将中国优秀文化介绍到保加利亚，翻译出版习近平这一著作，是出版社介绍当代中国思想理念的又一成果。①

（二）版权输出与合作出版

自"一带一路"倡议提出以来，中国—中东欧出版交流的双向性特点更加突出。从中东欧引进来的同时，以中东欧 16 国为目的地的出版"走出去"也不断升温，一些对外推广颇有实力的出版机构瞄准中东欧市场，以版权输出、合作出版等形式开展全方位、多角度的合作。

---

① 《习近平中国梦著述在保加利亚发行》，新华网（http：//news. xinhua-net. com/2015—01/20/c_ 1114060917. htm），2015 年 1 月 20 日。

2011 年至今，是国家大力倡导图书出版"走出去"的时期。在国家政策的鼓励与推动下，输出了一批产生国际影响力的著作。作为带动当代中国主题出版物进入中东欧国家的龙头，《习近平谈治国理政》一书在版权输出领域独占鳌头，除此之外，中国文化、文学类图书都颇受中东欧国家出版商的青睐。现将近 10 年来版权输出的成功案例做简要梳理。

中国文化类著作输出最具代表性的成果就是《中华文明史》（四卷本）的多语种版权输出。它是由北大中文系教授、著名学者袁行霈先生主持编写、北京大学国学研究院组织撰写的一部重要学术著作，高学术性和思想性的学术图书一直是海外汉学界感兴趣的热点之一，因此它具有极大的版权输出意义和价值。剑桥大学出版社是世界上最大的教育和学术出版社之一，在国际学术界和出版界均享有极高的专业权威性和学术影响力。《中华文明史》英文版作为"剑桥中国文库"的第一个项目，成功实现版权输出，并在 2012 年英国伦敦书展举行了新书首发式，吸引了众多国内外学者及新闻出版界人士的关注，成为展示中华文化、沟通东西方学术文化交流的新典范。英文版的成功输出为其他语种奠定了坚实的基础，之后又陆续签订了日文版、韩文版、俄文版、塞尔维亚文版、匈牙利文版等版权输出协议。

文学类作品也表现不凡。2009 年，《狼图腾》的版权已经输出到波兰、捷克、匈牙利等中东欧国家，而该书的海外译介已达 30 多个语种，覆盖全球 110 多个国家和地区。

2008 年，中华版权代理总公司与俄罗斯、匈牙利、韩国、日本等国的出版机构签订版权输出合同共 30 余份，并首次将中文作品输出到匈牙利，扩大了中文作品在匈牙利的影响。2009 年年初，公司又成功将阿来、央珍、扎西达娃等 10 位作家的作品输出到匈牙利，进一步加深了与匈牙利出版机构的联系，为中华版权代理总公司版权输出增添新亮点。

山东教育出版社 2016 年 12 月在罗马尼亚高迪亚姆斯国际图书展上，与罗马尼亚欧洲思想出版社签署了《中外文学交流史·中国—中东欧卷》版权输出协议。《东京审判——为了世界和平》全球首发暨版权输出签约仪式也在高迪亚姆斯举行，上海交通大学出版社与施普林格·自然出版集团签署了《东京审判——为了世界和平》英文版权输出协议。

由中国外文局、中国翻译研究院联合出品的《中国关键词》多语种图书，2016 年 8 月 24 日在北京国际图书博览会首次发行，出版方新世界出版社现场与国际出版代表签订了该书阿尔巴尼亚语、波兰语及另外 6 个语种的版权输出协议。《中国关键词》是中国外文局继翻译出版《习近平谈治国理政》多语种图书之后，在中国政治话语对外传播领域做出的又一次尝试，是用中国话语阐释中国实践的一次探索。①

除版权输出外，中外合作出版也是中国与中东欧国家的出版社不断探索的合作模式。其中，共建"主题编辑部"是一个新鲜的、具有落地可行性的尝试。截至 2016 年 8 月，外语教学与研究出版社已经与保加利亚东西方出版社签署合作协议，在海外共建"中国主题编辑部"；作为中国对外出版的主力军，中国外文局和外文出版社与中东欧地区多家出版机构建立了通畅的联系渠道和良好的合作机制，并已完成了开设波兰华沙中国图书中心、举办塞尔维亚中国主题图书月、设立中东欧国家"中国图书海外编辑部"等多个国际合作项目。

与此同时，双边出版国际合作也有一些新的举措：2015 年北京出版集团与捷中国际文化交流协会合作，在布拉格搭建了中国文学面向中东欧小语种国家的推介平台——"十月作家居住地·布拉格"；2016 年 6 月，全球第一个"中国图书中心"在波兰首都华沙揭幕，同月在塞尔维亚首都贝尔格莱德举办了中国主题图书展销月。

三 出版合作的重要内容——文学互译

文学作品，尤其是经典的文学作品最能代表一个民族

---

① 《〈中国关键词〉多语种版权输出国外》，光明网（http：//news.gmw.cn/2016—08/25/content_ 21627222. htm）。

的魂魄和文化精髓。阅读和了解一个民族，从文学作品入手是行之有效的方式。文学翻译既是一种跨语言的交流行为，也是一种跨文化的传播过程和交流活动，它不仅能够拉近彼此的民族情感，而且对于普通民众来说又是随时可读、可感知的一种简便的渠道。因此，为推动中国—中东欧人文交流落实得扎实和持久，在《贝尔格莱德纲要》、《苏州纲要》和2016年的《里加纲要》里，都有明确的条款推动双方的互译项目。① 目前，中国与中东欧国家机构层面已经签署的经典、现当代作品互译项目和正在谈判中的相关项目如下。

1. 2015年，中国国家新闻出版广电总局与阿尔巴尼亚出版商协会签署了《中阿经典图书互译出版项目合作协议》。协议约定，五年内中阿双方互相翻译对方25部作品，这是迄今为止两国之间规模最大的出版合作。该项目依托北京外国语大学等院校和机构的教学、科研资源，由外研社承担并组织开展互译项目，已于2016年8月的北京国际书展上发布了互译项目首部成果《母亲阿尔巴尼亚》（中文版）。2016年11月11日，阿尔巴尼亚知识出版社隆重发布互译项目的又一部力作——著名历史学家、思想史家张岂之的《中国历史十五讲》（阿语版）。

---

① 《贝尔格莱德纲要》（十）支持中国与中东欧国家开展文学作品互译出版合作项目。中方欢迎2016年中东欧国家作为整体担任北京国际图书博览会主宾国。

2. 正在接洽的互译项目有《中国—保加利亚经典图书互译出版项目合作协议》及"中波经典图书互译出版项目"。

3. 虽然还没有正式签署互译项目的合作协议，但塞尔维亚格奥勃伊提卡（Geopoetika）与安徽文艺出版社等国内出版机构有多年合作，陆续完成了多个互译项目，出版了余华、苏童等中国作家的作品，也引进了塞尔维亚脍炙人口的当代文学作品。

4. 以《习近平谈治国理政》一书的版权输出为契机，外文出版社与中东欧地区实力雄厚、影响广泛的几家知名出版机构达成合作共识，共同创建启动"中国—中东欧国家互译出版工程"，以推动中国与中东欧地区的国际文化交流和出版合作。同时，《习近平谈治国理政》波兰文版、阿尔巴尼亚文版和塞尔维亚文版的合作出版，也是该工程运作的首个重要翻译出版项目。

5. 这些已经开始运行或者正在接洽中的互译项目大多是由国家新闻出版广电总局牵头，将国内出版社中国际化运作较为成熟的出版社与国外知名出版机构对接，在三至五年的周期内与对象国实现一定数量的经典作品互译。值得一提的是，互译项目主张从原文直接翻译，而非通过第三种文字转译，这将为保留作品的原有文化生态奠定基础，也将是未来出版引进及输出的重要途径。

四 几点思考和建议

通过梳理近年来中国—中东欧出版合作的状况，可以看出中东欧国家的读者和出版商对中国图书市场的了解以及图书主题的选择范围仍然具有很大的局限性。其中，除了海外图书产品推广的政策导向及出版商的宣传策略及发行渠道需要加强，更关键的问题是摸清海外读者的阅读喜好，提高选译作品在海外的接受度。为此，提出以下几点对策建议。

1. 通过"互译工程"加大中国与中东欧出版合作的力度。除了古代经典和莫言的作品，中东欧读者对中国的了解还很少，这在一定程度上反映出我国版权贸易逆差长期存在的现状。"互译工程"可以成为解决版权输出问题的一种途径，但在出版物外译时，应当严格遵循"内容为王"的策略。判断一部作品是否可以被纳入翻译出版序列，首先要考虑其内容、思想精髓和叙事环境是否能被对象国的读者群体接受。归根结底，就是要准确把握对方的文化接受习惯，避免"为了输出而输出"等短视行为所造成的作品"走出国门，反响平平"的尴尬局面。

2. 提高跨文化传播能力，谨慎对待作品的翻译。文化产品走出去，是一种跨文化传播行为，需要大致经历版权输出、语种翻译、外文出版及国外受众认可几个阶段。中东欧地区地处东西方交会处，语种繁多，历史、文化、民族背景纷繁复杂。因而，翻译承担着重要的作用，译者不仅要娴熟掌握双边语言的表达，还要熟悉作品出口国与进口国的文化背景。对于跨语境作品的翻译，大到对作品文化背景的研究，小到译作命名、文字的斟酌、文化冲突点的恰当处理等，都对译者提出了极高的要求，也决定着译作在出口国出版市场中的表现。从这一点来说，翻译是整个互译工程的核心。

3. 关注合作出版中的中外元素相互融合问题。在与中东欧国家出版的双向交流中，注重与本国文化的融合，融入其本土元素的原创作品既能满足其本国读者对对象国文化的兴趣，又符合其阅读习惯和表达方式，更受当地读者欢迎。此类融合更适用于少儿图书的合作出版。央视动画有限公司与捷克小鼹鼠公司共同创作的动画片《熊猫和小鼹鼠》就是文化交流领域中一次有益的尝试。

4. 发行出版相互促进。从发行渠道推动并影响出版环节的合作模式，不但提供了满足读者需求的最佳市场选择，同时将解决海外销售渠道问题，有效促进中国出版物在海外的推广和销售。

中国—中东欧人文传统有着广泛的联系，但出版交流与合作尚处在起步阶段。随着双方各领域交流的不断拓展和加深，随着出版手段的日益更新，内容资源的开发、销售渠道的拓展、数字出版技术的研发与使用、传统出版与新兴媒体融合发展等，中国与中东欧国家在出版领域的合作需要加强全方位的合作，推陈出新，共同开创出版合作的新未来。

"16＋1合作"机制的深化有利于
稳定繁荣的欧洲发展

张永安，上海对外经贸大学中东欧研究中心教授

2012年开始启动的中国—中东欧合作机制，迄今已五年了，在此期间，中国—中东欧国家相继联合发表了《中国关于促进与中东欧国家友好合作的十二项举措》《布加勒斯特纲要》《贝尔格莱德纲要》《苏州纲要》和《里加纲要》，并在此基础上发表了指导2015—2020年双方合作的《中国—中东欧国家合作中期规划》，进一步将双边合作落到实处。

"16＋1合作"机制是中欧全面战略伙伴关系的有机组成，有助于欧盟建设一个稳定和繁荣的欧洲。在当前欧洲一体化遭遇重大挑战之际，"16＋1合作"机制的深入前行正是中国作为一个负责任的大国长期以来坚定不移支持欧洲一体化发展的具体行动。

一　欧洲一体化是欧洲维持和平与稳定发展的基础

在第二次世界大战结束以来的70年间，一个可以达成的共识就是在欧洲联盟范围内，维系了和平、稳定与发展。以欧洲联盟为形象代表的欧洲一体化，从20世纪50年代的关税同盟发展到20世纪末的内部统一大市场以及单一货币，成员国从6国发展到了21世纪第二个10年时期的28国。这从一个侧面表明了欧洲一体化是欧洲维持和平与发展态势的坚实基础。因此，维护欧洲一体化的稳定就是维护欧洲的稳定，而欧洲的稳定对于整个世界形势的稳定都是至关重要的。

然而，欧洲联盟所秉持的欧洲统一的目标必须在各有关成员国经济发展平稳向前的状态下，才能逐步趋近。因此，欧洲一体化必须务实前行。所谓"务实前行"，是指欧盟必须正视成员国加入欧盟的初衷，并且满足由此产生的需求，这种需求主要表现为经济利益。

正如被称为"欧洲之父"的莫内所言，推进欧洲一体化前行的唯一入口是经济合作，几十年来欧洲一体化发展的实践表明，只有不断地创造能够为成员国所分享的经济利益，欧洲一体化才能向前发展。务实前行，就是指，必须正视每一个成员国加入一体化组织的经济利益诉求。因此，无论从哪一方面观察，欧盟作为世界上一体化程度最高、一体化机制最完善的国家组织，其努力构建的一个统一欧洲的一体化组织，事实上其所面临的最大问题就是能否不断地创造可以为成员国所分享的经济利益。

如果欧洲一体化不能持续创造经济利益并为成员国所分享，那么欧盟就可能面临发展的巨大困难，甚至面临解体的风险。从构建内部统一大市场和构建欧元区，可以看出，欧洲一体化的历史，就是一场不断拓展经济合作与融合的深度史与广度史。但应该指出的是，这些一体化的成果，如果不能使成员国继续从中获益，甚至在被成员国视为阻碍经济发展的因素时，那么这些一体化的成果就可能发生逆转，而事实上一体化也不是不能发生逆转的，尽管逆转本身也很困难。所以，如果因为各种原因导致欧盟不能做到持续性地创造可以为成员国所分享的集团利益，那么，欧盟的凝聚力或者向心力，可能很快会转变为离心力。2016年在欧洲发生的一些问题事实上与这一点有着直接关系。

二　支持一个稳定繁荣的欧洲符合中欧双方利益

长期以来，我国一直支持欧洲一体化的发展，即便在欧盟遭遇欧债危机的重大打击下，也予以了坚定不移的支持。在第二次世界大战后，因为欧盟的存在和壮大，使欧洲的大部分地区保持了稳定与繁荣，并且在苏东地区发生剧变的情况下，使这一地区避免了大规模的动荡，实现了稳定转型。这是欧盟对于这一地区的稳定与发展所做出的重要贡献。

同时，也要指出，冷战结束后，维持一个均衡的世界格局对于整个世界和平始终是重要的。欧盟的稳定与繁荣是维持这种均衡格局所需要的。当中欧双方决定建设全面战略伙伴关系时，就意味着中欧携手维持世界稳定与发展成为一种共同的责任。

对于我国而言，支持一个稳定与繁荣的欧洲，对于在国际事务中发挥我国的大国责任也是必要的。在经过改革开放后的几十年，中国已经发展成为对于整个世界经济和政治具有重要意义的"稳定器"。中国既支持一个稳定与繁荣的欧洲，也支持欧盟原有成员国，以及进入 21 世纪后加入的新成员国。

我们在强调上述基本观点的时候，需要清醒地认识到每一个国家的基本要求就是保证经济正常发展，并且要保证任何阶层的利益都不会被漠视。然而在 2008 年的全球金融危机和 2009 年的欧债危机冲击下，外界对于欧元区的前途出现了不少质疑，得益于各成员国特别是德国的努力以及包括中国在内的国际社会的支持，欧盟度过了最危急的时刻。而欧盟经济仍困难重重，长时间处于复苏乏力状态。2016 年英国公投决定脱欧之后再次使以欧盟为载体的欧洲一体化前途蒙上了阴影，可以说欧盟遭遇了几十年来最危难的时刻。

在进入 21 世纪之后，随着中东欧国家奉行"回归欧洲"政策的效果显现以及与此相配合的欧盟东扩政策落地，一大批中东欧国家成为欧盟新成员或者成为欧盟的外围。这些国家在经历了 20 世纪 90 年代的剧变之后，发展经济成为最为紧迫的问题。可以这样说，中东欧国家加入北约的目的是获得安全保障，而加入欧盟或者成为其联系国的目的则是获得发展经济的条件和环境。

在前述欧盟遭遇重大危机的背景下，一大批已经加入欧盟和正等待加入欧盟的中东欧国家，其包括拓宽外贸市场、获得援助资金、改善基础设施等在内的改善经济发展内外环境与条件的诉求，在很大程度上不能得到满足或不能得到完全满足。这个问题若不能有效解决，将极大地触发离心力的发生与发展，甚至导致中东欧地区的逆变，如是，势将对建设一个稳定和繁荣的欧洲构成威胁。中国与中东欧国家之间的 "16＋1 合作" 机制正是在欧洲一体化遭遇危难之际，推出的稳定中东欧经济环境的措施，是中欧全面战略伙伴关系的有机构成。

三 "16＋1 合作" 机制必须体现各方的 比较优势和利益诉求

当今世界经济形势发展低迷的状态将极大地刺激发达

国家的贸易保护主义，如果听任这种以邻为壑的贸易保护主义的发展，显然不利于包括欧盟在内的各国与经济体的长远利益。中国的和平发展理念始终贯穿在中国的对外贸易与经济合作的各个方面。在面对世界经济复苏乏力和贸易保护主义抬头的态势下，中国政府提出的"一带一路"倡议以及构建"16 + 1 合作"机制，既是向世界提出构建"人类命运共同体"的具体实践，也是遏制贸易保护主义发展的有效措施。

"一带一路"强调"共商、共建、共享"原则，体现了中国一贯坚持的和平、发展、合作、共赢的思想。这为中国重构经中亚到西欧的陆上通道，推进同沿线国家的战略合作特别是贸易与经济合作提供了载体；为经东盟同环太平洋地区国家、经印度洋同非洲地区国家开展广泛深入合作带来发展空间。曾经经过地理大发现建立的世界市场和世界经济，在当代"一带一路"建设中势必促进沿线国家发扬各自优势、实现更紧密的合作与共赢。

"一带一路"已经成为中国的一项对外开放与合作的国策，体现了中国坚持改革开放、让世界特别是沿线国家分享中国发展带来的机遇，体现了我国建设"人类命运共同体"的善意。2015 年中国—中东欧国家领导人在苏州会议上达成的《中国—中东欧合作苏州纲要》将"16 + 1 合作"与"一带一路"紧密地连接起来，通过双边或者诸边平等协商、优势互补、互利共赢使有关各方共建"一带一路"。

2016 年 11 月达成的《中国—中东欧合作里加纲要》更

是明确了贸易投资、互联互通、产能、产业及科技合作、金融合作和农林合作等深化中国—中东欧国家合作的特别重要的具体领域。《里加纲要》所提出的这些具体领域将2015年达成的《中国—中东欧国家合作中期规划》具体为年度计划，使中国特别是中东欧各国的优势和需求共识得以表现出来，为有关企业特别是中小企业参加进来提供了指南。

经过几十年的高速发展，中国的比较优势已经发生了变化，以高速铁路及其车辆、港口设施装备制造业、新能源与绿色能源等为代表的制造业正在取代传统劳动密集型产业。这成为中国新的比较优势，并具备了相当的国际竞争力。《里加纲要》明确指出了双方合作的重点之一。"互联互通"不是简单的修路架桥，而是通过基础设施建设将重点城市、重点产业集聚区、港口、能源产区连接起来，这既符合中东欧国家加强资源开发、提高就业水平愿望的举措，也能很好地发挥中国企业新的比较优势。

出口对于任何一个国家而言可能都是不可或缺的经济增长动力。对于中东欧国家而言，更是需要通过加强出口，刺激国内的生产，改善经济状况。大部分中东欧国家与中国的贸易现状仍处于相当低的水平。提高双方贸易水平，除了改善双方市场准入环境以外，提升中东欧国家的农产品深加工水平、提高食品加工业的现代化以提高其产品竞争力是这些国家所关注的。这需要双方在这些方面进行坦诚的合作，促成双方企业进行合作，不仅可以发挥中国的比较优势，也可以使中东欧国家获得经济发展的重要机遇，显然是符合双方利益的。事实上，要特别为双方的中小企业合作提供条件。只有中小企业的合作成了气候，双方的合作才能深入民心。因此，透明、简便、安全的投资环境是基本保障。

综上所述，"16＋1合作"机制在当前国际经济形势与政治形势下，是中国为一个稳定繁荣的欧洲发展所做出的贡献。

"一带一路"政策在波兰建设的风险评估

陈思杨，北京外国语大学波兰语专业研究生

一 丝绸之路经济带在波兰
建设的基本情况

"一带一路"是丝绸之路经济带和 21 世纪海上丝绸之路的简称。自 2013 年 9 月习近平主席提出"一带一路"倡议后，中国就开始积极地在丝路沿线探索合作机会。中国与邻国的合作可圈可点，泛亚高铁网络建设进展顺利、互联互通逐步实施，都使中国"一带一路"倡议的可信度进一步提升。

丝绸之路经济带旨在连接欧亚大陆，实现互联互通，互利互惠。从中国到西欧，中东欧地区是必经之地，也是进入欧洲的重要门户。现在作为中东欧国家的波兰，可以说是该地区面积最大、人口最多、影响力最大、经济实力最强的国家。从地理位置上来说，波兰地处欧洲的中心，四通八达，自古就是兵家必争之地。除此之外，波兰还是西欧至中东欧的连接地带，西与德国毗邻，北与俄罗斯出海口相邻，并拥有较长的波罗的海海岸线，东与诸多中东欧国家相邻，不仅是通往西欧的绝佳路线，更是与中东欧国家连接的重要节点。经济方面，长期保持稳定，即使在2008年全球金融危机的影响下，依旧保持4.8%的增长①，这在欧洲整体经济低迷的大背景下显得尤为珍贵。政治方面，波兰国内政治较为稳定，与中国长期政治互信，对中国的态度友好，新政府也多次公开表示支持中国"一带一路"的倡议。不管从何种角度来看，波兰在"一带一路"的建设中，都有着不可替代的地位。

波兰的地理位置决定其将主要对接中国"一带一路"中的陆路部分，即"21世纪丝绸之路经济带"。然而，该经济带经中国中西部，穿中亚，经黑海至波罗的海，一路上需经过许多敏感地带，也会对一些国家的利益造成一些影响，在实施过程中所面临的风险是必须要考虑的因素。中波之间的对接有什么样的风险存在，面临什么样的困难，也是在实施"一带一路"过程中所必须考虑的问题。

二 丝绸之路经济带在波 建设所面临的风险

1. 波兰与中国的经济合作一直受到贸易逆差影响，或

---

① 数据来源：中华人民共和国商务部官网（http://www.mofcom.gov.cn）。

降低波兰与中国贸易合作的信心。虽然从理论上分析，中国和中东欧的市场是相互补充的，但事实上，波兰和中国的市场对接起来并没有那么容易。波兰一直处在很大的贸易逆差之中。2013 年中欧班列正式运行，蓉欧快轨的建成通车并没有有效地改善这一状况。据欧盟统计局统计，2014 年波兰对中国出口 22.3 亿美元，增长 5.2%；自中国进口 139.7 亿美元，增长 24.0%；波方逆差 117.4 亿美元，增长了 28.4%。① 蓉欧快轨的效果并不明显，一直近乎是满车去，空车回。东欧的商品一直没能跻身中国市场。

2. 中波合作缺乏相关法律、智力的支持。2011 年轰动一时的中海外事件令中国企业一度陷入危机之中，甚至影响其他中国企业的项目，同期柳工收购项目被紧急叫停，中波投资合作受到了很大影响。然而，不管从波方看还是中方看，精通波兰语兼法律的人才依旧奇缺，波兰企业和地方政府能够信任中方企业的投资建设有待观察。除此之外，对于波兰当地用人制度的不了解也是中国企业的硬伤。生搬硬套在国内的用人方式，未把加班费用或时间算入项目等问题，造成项目无法完工，延误工期。这都是对对象国没有充分的认识和了解的表现。

3. 波兰市场是否能真正满足"一带一路"的需求也需进一步调研。中国"一带一路"政策倡导的，并重点扶持的是绿色能源、基础设施。而波兰自身主要出口的是铜、

---

① 数据来源：中商情报网（http：//www.askci.com）。

煤炭等基础工业领域。波兰引以为傲的食品领域，因冷链出口等技术问题和口味差异等客观问题，只有部分波兰苹果被尝试引进中国，但售卖时间还很短，销售情况还未可知。从经济市场分析，双方亟须寻找新的合作领域。

4. 波兰执政党和在野党之间执政观念相差较大，配合度不高，政策能否持续执行有待观察。泛泛来说，波兰的政治背景对中国是有利的。波兰与欧盟和俄罗斯的关系都有所退步，因此推进中国的"一带一路"政策可以说是必然的。但具体来看，波兰与中国不同，每次政府换届都会产生完全不同的政策方向。现任政府十分支持"一带一路"政策，并不代表下届政府依旧支持。即使支持，力度和意愿强弱也是未知数。

5. 欧盟进口标准和制度规范会对中国企业出口或投资造成影响。欧盟标准十分严苛，对环保、卫生、安全等方面都有详细的规定。中国产品进入欧盟时，不仅要符合欧洲标准，还需要获得多重认证。一直以来，中波进出口最多的商品是纺织品、原料、贱金属及制品等产品，相对来讲标准较低，而严苛的标准使中波经贸合作的领域一直难以拓宽。

6. 中国与俄罗斯的友好关系，或许会影响波兰对接"一带一路"的态度。波兰与俄罗斯不睦由来已久，波兰不希望俄罗斯强大起来，影响自身的地缘政治地位。然而，俄罗斯是中国"一带一路"政策重要的合作伙伴，从目前看，中国会继续发展同俄罗斯的友好关系。波兰政府和商

业顾问、波兰科学院在读博士生亚采克·巴尔托夏克
(Jacek Bartosiak)先生提出:如果"一带一路"政策大大
提升了俄罗斯的实力,那么波兰对执行该政策的意愿和政
治基础就会变得相当薄弱。这个观点再次印证,凡广泛触
及俄罗斯的政策,就会变成敏感的地缘政治问题。尤其是
特朗普上台后,美俄关系有所缓和,波兰等中东欧国家会
更加关注地缘政治问题。若没有有效制裁俄罗斯的举措出
现,很难说波兰不会为了俄罗斯,而用消极的态度回应
"一带一路"。

7. "一带一路"的线路设计或会引起波兰的担忧。陆
路的"21世纪丝绸之路经济带"预计路线是从中国西安出
发,经过中国中西部地区,穿过中亚,路经黑海国家,借
道俄罗斯,从中东欧地区进入欧洲,直至抵达西欧。这一
路上会经过许多敏感地带。第一,黑海国家,如土耳其、
马其顿等正身陷政治危机,政治问题敏感,这个方向的线
路对波兰来讲是十分不安全的。波兰是一个相对保守的国
家,将国家安全放在首要位置,从其对待难民危机的态度
可见一斑。故而,一条不安全的路线或会引发波兰强烈的
担忧。第二,线路必将经过俄罗斯,这是波兰不愿意见到
的。若此条道路经过俄罗斯后进入波兰,会引起波兰极大
的反感,会对波兰的态度造成影响。虽然这条线路只是预
想线路,但由于陆路丝路主要根据古丝绸之路延伸,所以
大致路线已然固定。这条线路是否能令双方都满意,还需
看进一步的发展。

8. 中方立足于中东欧统筹发展，波兰虽重要，但不会占据主导位置。随着塞尔维亚泽蒙—博尔察大桥、黑山高速公路等项目顺利推进，中方在中东欧的脚步不会停止，但从现阶段来看，中方将资金和精力主要投放于基础设施相对落后的地区，如黑山、塞尔维亚等地。在波兰还没有大项目落实。波兰若想从中方"一带一路"项目中受益，还需拿出更多中国能为其进行投资的理由。

三 解决方式

1. 培养相关领域人才，熟悉波兰当地法律法规和具体情况。对于波兰当地语言和政策法规的不熟悉，是造成很多企业踟蹰不前的直接原因。注重人才的培养是解决该问题的重中之重。在"走出去"的急切呼声下，可先对接国内已有的平台，如国际法律知识丰富的国际律师团队，小语种人才丰富的院校等，寻找相关领域人才和专家，聘其为企业顾问或咨询专家，指导相关领域企业"走出去"。

2. 进行充分的调研，了解波兰市场的真实需求。"一带一路"让人看到要想富、先修路的中国观念。既然要进行基础设施建设，就需要调查：波兰哪里最需要项目，需要什么样的项目，中国是否有能力完成。不可再重蹈中海外的覆辙——在不熟悉市场的情况盲目竞标、投资，造成巨大损失。

3. 充分发挥现有的机制和平台的作用。"16＋1 合作"中国—中东欧领导人会议是波兰参与度很高的平台，也是中国同中东欧地区进行密切交往的重要规划。可对"16＋1 合作"平台进行充分利用，让更多的企业、地方政府、人文教育得到对接。

4. 随时跟进对波兰情况的了解。知己知彼才能进行更好的投资。中国一些高校、智库等都有对波兰的国别研究，可提供波兰时事和国内情况。企业在投资前需要这些专业人士提供对波兰全面的分析，在了解情况的基础上，进行投资或贸易。

保加利亚总统选举及其影响

张磊，中国社会科学院欧洲研究所副研究员

2016 年 11 月 13 日，在保加利亚总统选举的第二轮投票中，受反对党社会党支持的独立候选人鲁门·拉德夫（Rumen Georgiev Radev）获得了约 60% 的选票，当选为保加利亚新任总统。拉德夫主张加强边境管控，打击难民；要求欧盟取消对俄罗斯的制裁，在推进欧洲一体化与维护保加利亚的国家利益之间保持平衡。保加利亚总统选举产生了诸多影响，其中最直接的影响是总理辞职，2017 年 3 月 26 日提前举行议会选举。

一 背景

保加利亚是议会民主制国家，总统是形式上的国家元首，总理拥有实际的行政权。由于总统并不拥有实权，保加利亚的总统选举常常被认为是平淡无趣的政治事件，但是，2016年的总统选举却吸引了多方关注。许多人预期，由总理波瑞索夫推举的总统候选人将会轻松进入第二轮并赢得选举，但是事实却远非如此。保加利亚最大执政党"欧洲发展公民党"（GERB）面临着比预期更加严峻的挑战。在2016年11月7日进行的第一轮选举中，共有21位候选人参与竞争。"欧洲发展公民党"的候选人察切娃获得了21.96%的选票，受反对党支持的独立候选人鲁门·拉德夫获得了25.44%的选票，两人进入下一轮选举。11月13日，在第二轮选举中，鲁门·拉德夫以约60%的选票胜选，成为保加利亚新总统，而其对手察切娃仅获得36.17%的选票。

2017年1月22日，保加利亚在首都索非亚举行新总统就职仪式，鲁门·拉德夫正式就任保加利亚新总统，任期5年。拉德夫在就职演讲中表示，他将与国民议会、政府、各政治党派以及社会团体共同努力工作，寻找保加利亚所面临问题的最佳解决途径。新任副总统为伊利安娜·洛托娃（Iliana Iotova），是欧洲议会社会民主党党团的议员。

二 新总统的政策倾向

拉德夫出生于1963年，毕业于保加利亚空军学院、美国麦斯威尔空军军官学校（Maxwell Squadron Officer

School）、拉科夫斯基国防大学等军事院校，拥有战略研究硕士学位和军事科学博士学位，会俄语和英语；曾任飞行员、保加利亚空军司令，2016 年 8 月退役后才开始从政。拉德夫在竞选中指责执政的中右派政府的改革"节奏缓慢"，表示要积极应对腐败问题，提高机构的透明度，改善对难民的管理。他的主要倾向包括以下 3 个方面。

1. 加强边境管控，打击难民。

拉德夫的风格与匈牙利总理奥尔班非常相似，他批评现政府将保加利亚变成了"欧洲的移民聚居区"，反对在保加利亚重新分配难民，要求废除欧盟的都柏林体系（Dublin Regulation）。拉德夫还主张在边境加强打击非法难民。他强调有义务帮助难民，但是应当将来自阿富汗与巴勒斯坦的难民遣返回国。

2. 要求欧盟取消对俄罗斯的制裁。

拉德夫被欧洲媒体和竞争对手称为"红色将军"，主张欧盟取消对俄罗斯的制裁，承诺在当选总统后将推动发展保加利亚与俄罗斯的关系。他曾表示，对俄罗斯施加制裁不会起到任何作用，只会带给欧盟和俄罗斯同样的伤害。在他看来，虽然保加利亚是欧盟成员国，但是这并不代表保加利亚就要天然变成俄罗斯的敌人。

3. 在推进欧洲一体化与维护保加利亚的国家利益之间保持平衡。

拉德夫还提出，要与保加利亚的伙伴积极展开合作，加快欧洲一体化进程，同时也要毫不妥协地维护保加利亚的权利与尊严。可见，其政策核心是要在推进欧洲一体化与维护国家利益之间保持平衡。

拉德夫的获胜与保加利亚当前的社会状况密切相关。近年来，保加利亚经济停滞不前、腐败日益严重，2016 年被透明国际评为最腐败的欧盟成员国；许多民众并未感到加入欧盟的益处，不平等现象不断恶化；对难民的恐慌以及对土耳其的担忧，使得保加利亚大多数选民对由欧洲发展公民党领导的波瑞索夫政府极为不满，民众渴望出现变革。选票统计结果显示，拉德夫还获得了"土耳其族争取权利与自由运动党"（MRF）、早先支持"欧洲发展公民党"以及支持民族主义政党候选人的选民支持。约 60% 的民族主义者和 92% 的 MRF 选民在第二轮选举中选择了拉德夫。这表明，拉德夫的政治观点不仅获得社会党的支持，也得到左派政党、民族主义者、土耳其裔人甚至一部分中右翼党派人士的赞同。

三　保加利亚总统选举的影响

总理辞职，出现临时看守政府，议会大选将提前举行。

总统选举结果出现后，保加利亚总理波瑞索夫宣布辞职，为败选负责，并要求提前进行议会选举。议会第二大党保加利亚社会党主席尼诺娃也表示，社会党也要求提前进行议会选举。2017 年 1 月 24 日，拉德夫总统任命了临时看守政府（caretaker cabinet），其主要职责是为于 2017 年 3 月 26 日举行的议会大选做准备。保加利亚曾在 2013 年、2014 年举行过议会大选，此次总统选举进一步加速了议会选举的到来，意味着保加利亚在 4 年时间之内进行 3 次议会选举，这也标志着过去两年相对稳定时期的结束。未来政局的发展存在诸多不确定性。

保加利亚当前政局的不稳定会带来多重不利影响。第一，部分原有政策停滞，原政府制定并已获得认可的预算法案将被中止；临时政府还发现上一任政府的诸多政策不符合法规。临时政府总理奥格尼扬·格尔吉科夫（Ognyan Gerdzhikov）表示，在前任政府 2016 年签署的 82 项国防采购合同中，共有 45 项违反了保加利亚的政府采购法律和法规。其中 9 项合同存在欺诈和严重问题，已移交军事检察官。第二，国内政局导致保加利亚一直未提名新的欧盟委员会委员人选，时间上已创纪录。2016 年 11 月初，保加利亚籍欧盟委员会副主席克里斯塔丽娜·乔治艾娃（Kristalina Georgieva）因将赴世界银行任职，向主席容克递交了辞呈。根据条约，保加利亚可提名一位新的委员。但是由于国内政局的发展，导致保加利亚一直未提名新的委员人选。总统已与欧盟委员会主席容克达成一致，保加利亚将在议会大选后再提名新的委员。虽然临时政府总理近日已表示，议会大选后如果短期内未能成功组阁，其将提名新的欧盟委员会委员，预计时间在 2017 年 4 月。但是，按照惯例，委员被成员国提名后，还需经容克面试、欧洲

议会听证会等环节，新委员才能正式上任。自 2016 年 12 月
31 日以来，保加利亚就没有欧盟委员会委员。国内有诸多
批评意见，认为缺少欧盟委员会委员就好比保加利亚在欧
盟委员会少了眼睛和耳朵，这对保加利亚在欧盟层面发挥
影响极为不利。第三，或可影响 2018 年保加利亚担任欧盟
轮值主席国。根据原有顺序，保加利亚将于 2018 年上半年
担任欧盟理事会轮值主席国。国内政局的状况很可能会影
响其更好地履行轮值主席国的职责。

四　新总统倾向更加平衡的外交关系

新总统拉德夫一方面主张改善与俄罗斯关系，在一定
程度上代表了希望发展与俄经贸合作，为促进保加利亚经
济发展创造良好外部环境的民意；另一方面，他表示并没
有计划改变地缘政治取向，并指出作为一个军事飞行员，
他为北约服务多年。改善与俄罗斯的关系并不意味着削弱
与欧美的关系。拉德夫希望与俄罗斯、美国和欧盟都进行
友好对话。他任命的临时看守政府中的外交部长和国防部
长（Radi Naydenov 和 Stefan Yanev）被外界视为"亲欧洲"
"亲太平洋"的。2017 年 1 月 30 日，作为保加利亚新任总
统，拉德夫的首次外事活动选择访问布鲁塞尔。拉德夫还
指出，多个地缘政治中心的存在是欧盟寻求团结的动力，
他期望与美国、俄罗斯、中国的领导人建立务实和共赢的

双边关系。他表示自己既不亲俄，也不亲美，而是亲保加利亚。在拉德夫看来，保加利亚的欧盟成员国身份与北约成员国身份是不容讨价还价的，他要在这两个机构中积极地捍卫保加利亚的立场。总体来看，拉德夫的政策倾向可能会促使保加利亚更加谨慎地努力平衡与俄罗斯、美国和欧盟之间的关系，更加务实地寻求有利于保障自身安全、维护自身利益的外交立足点。

保加利亚新总统对待俄罗斯的态度也在一定程度上反映了保加利亚民众的复杂态度。"俄罗斯究竟是解放者还是占领者"，不同的保加利亚人有不同的看法。盖洛普民意调查研究员认为克里米亚问题在保加利亚同样充满争议。该机构的民意调查显示，针对问题"你支持乌克兰的哪一支力量：亲欧洲的还是亲俄罗斯的？"，43%的保加利亚人没有答案，30%支持亲欧洲的力量，27%支持亲俄罗斯的力量。保加利亚历史上与东方和西方都有紧密的联系，目前还有数千的俄罗斯公民在保加利亚拥有房产，俄罗斯游说者在保加利亚也非常活跃。但是，与西方有密切联系的民众则认为保加利亚的欧盟和北约身份是必不可少的。

五 极右政党力量上升，未来或可在议会大选中发挥"造王者"作用

在此次总统选举的第一轮投票中，极右翼政党联盟

"团结的爱国者"（United Patriots）推举的候选人（Krassimir Karakchanov）获得了15%的选票，排在第三位，进一步凸显了极右翼政党力量的上升。该党实际上由两个政党组成："爱国阵线"（Patriotic Front）和"攻击党"（Ataka）。两党早期曾处于敌对状态，后两党暂时搁置分歧，进行合作。正如其自己所说，此次总统选举两党最大的胜利就是能够团结起来。该党在竞选中要求控制移民，还提出了一些与福利国家有关的政策，承诺提高最低养老金，获得了不少选民的支持。就前景看，在即将举行的议会大选中，一方面，极右翼政党将会赢得大量选票，不排除极右翼政党参与组阁的可能性；另一方面，极右翼政党很有可能成为新政府组阁谈判过程中的"造王者"。这一点也与欧洲当前的多国面临极右翼政党力量不断上涨的趋势相呼应。

俄罗斯对"16 + 1 合作"的态度

梁英超，中国社会科学院边疆所博士后

俄罗斯与中东欧国家的关系颇为密切：不仅民族血缘相近，而且历史上的交集也很多。帝俄时期，波罗的海三国以及波兰的大部分均在俄罗斯版图之内。沙皇俄国还曾打着"保护斯拉夫兄弟"的旗号，将巴尔干半岛纳入自己的势力范围，并在第一次世界大战中支持塞尔维亚对抗奥匈帝国。罗曼诺夫王朝被推翻后，波罗的海三国与波兰等国纷纷宣布独立，从俄罗斯脱离出来。不过波罗的海三国与波兰独立的时间并没有持续太久。第二次世界大战前期，苏联为扩大战略纵深建立"东方战线"。由此一来，波罗的海三国，波兰东部等地区再度被纳入苏联版图。第二次世界大战结束后，在苏联的支持下，中东欧国家的共产党纷纷建立了政权。中东欧国家均加入了苏联领导的社会主义阵营，并沿袭了苏联的斯大林模式。高度集中的斯大林模式束缚了中东欧国家的政治活力和经济活力。中东欧国家曾多次尝试进行改革，但终因遭到苏联干涉而失败。从 1989 年开始，东欧国家相继发生了政治、经济制度的根本性改变。由于苏联自顾不暇，无力继续控制东欧各国，东欧国家逐渐脱离了苏联的控制。苏东剧变后，波罗的海三国再次独立，中东欧国家则纷纷退出了苏联领导的经互会和华约组织，开始向北约、欧盟靠近。苏联解体后，俄罗斯的势力范围大幅度萎缩。但是俄罗斯依旧秉持地缘政治观念，中东欧地区仍被俄罗斯视为战略缓冲地带，俄罗斯对中东欧国家的动向十分关注。

2012 年中国与中东欧国家达成合作对话共识成立"16 + 1 合作"机制后，俄罗斯便开始关注中国与中东欧国家的合作。2013 年习近平主席提出"一带一路"战略后，中国与中东欧国家"16 + 1 合作"机制开始与"一带一路"战略对接。中东欧地区是建立"21 世纪丝绸之路经济带"的关键环节之一，俄罗斯对中国与中东欧国家的多方位、多平台的合作十分关注。俄罗斯对"16 + 1 合作"机制的认识循序渐进，由浅入深，俄罗斯媒体对"16 + 1 合作"进行过相关的新闻报道，其学者也在关注中国与中东欧国家的"16 + 1 合作"机制，而且有些学者还对中国建立"16 + 1 合作"的目的、中国面临的问题以及俄罗斯与"16 + 1 合作"等问题进行了分析。

一 俄方对"16 + 1 合作"的评价

俄方学者认为中国建立"16 + 1 合作"机制有以下几个目的。

1. 将丝绸之路延伸到西欧。与中东欧国家的紧密合作可以打通中国通往西欧的道路。西欧是中国主要的经贸伙伴之一，建立连通欧亚的商路有助于中国商品走向全世界。为实现到 2020 年让中欧贸易额达到 1 万亿美元的目标，中国建议中东欧国家进行港口、物流中心、铁路等基础设施建设。中国公司随即迅速跟进，前往中东欧国家进行基础设施项目建设。①

2. 为中国商品开辟新市场。中东欧国家是中国商品的新市场。巴尔干地区和东欧地区市场潜力巨大。中国打算为建设基础设施在中东欧国家开设生产设备和材料的工厂，并吸引中国公司前来进行铁路、公路的建设。这样一来，伴随着中国的投资，大量的中国商品将会进入中东欧国家。对中国来讲，与东欧国家的经贸关系非常有利：在欧盟新成员国内的贸易可以让中国避开欧盟反倾销法案，中国产

---

① Похищение Европы, зачем и сколько китайские компании инвестируют в страны Восточной Европы, http：//rusnext. ru/economy/1449218 863.

品将直接出口至拥有 5 亿人口的欧盟市场。①

3. 重新定位东欧农业。为了满足中国市场对农产品日益增长的需求，中国投资也在考虑利用中东欧丰富的农业资源。粮食安全对中国来讲至关重要。目前欧洲出口农产品在华市场份额排名第五，随着地区基础设施和交通系统的改善，欧洲企业对华出口农产品将会进一步增长。②

4. 能源市场。中国计划通过对自然资源丰富的国家进行投资，进而提高自身的能源安全，以及确保当前和未来对原料的需求。③

5. 追求欧洲的创新。中国投资还有一个战略性目的：更加密切地与欧洲的研究机构进行协作。在某种程度上，中国依旧依赖欧洲和美国的工艺——中国出口的高科技产品约有九成含有外国设计。④

当前中东欧国家正处于经济危机时期，中东欧国家迫切需要对基础设施和能源项目的投资，中国的投资对其来讲不啻雪中送炭。不过中国与中东欧 16 国的合作也引发了一些非议。俄罗斯学者注意到了来自欧盟内部对"16 + 1 合作"机制的质疑：16 个中东欧国家中有 11 个是欧盟成员国，中国意图通过与其进行经济合作来获取政治红利——通过它们来影响欧盟整体的政策；中国 20 多年来很少关注

---

① Похищение Европы, зачем и сколько китайские компании инвестируют в страны Восточной Европы, http://rusnext.ru/economy/1449218 863.

② Ibid. .

③ Ibid. .

④ Ibid. .

中东欧地区，当前中国不可能对该地区产生任何实质性的影响。① 俄罗斯学者对上述质疑并不赞同，他们对"16＋1合作"存在的问题有自己的看法。

1. 中国与中东欧国家在"16＋1合作"上存有分歧。中方认为"16＋1合作"成立已有五年，但中东欧伙伴国仍未完全理解这一机制。并且现在中国与中东欧国家合作还面临着新的风险：欧盟实力日益衰落，英国脱欧，难民危机，恐怖主义威胁加大。这些因素都会影响中国在中东欧国家计划的实施。中方还认为与中东欧国家进行的自由贸易区谈判进程过于缓慢和复杂。中东欧国家则表示，中方应与欧盟去协商解决这些问题。在中东欧地区如果没有布鲁塞尔的同意，中国的方案是不可能进行的。②

2. 中国与中东欧某些国家之间存在政治摩擦。2016 年斯洛伐克总统和捷克文化部部长先后会见达赖引发了中国的不满。中方表示，上述两国官员的行为损害了中国的根本利益以及与中国双边关系的政治基础。中东欧国家则表示"16＋1合作"中不涉及政治关系，这是欧洲国家政治家独立性的一种表现。③

3. 中国与中东欧国家间的经济合作进行得过于平缓。"16＋1合作"建立已有 5 年，但中国与中东欧 16 国并未能

---

① Как Китай，"форматирует"Европу，http：／／gazeta. zn. ua／international／kak-kitay-formatiruet-evropu-_ . html.

② Ibid. .

③ Ibid. .

制定出一个能包含所有成员国的经济合作方案。中国将中东欧 16 国按照各国的优势领域进行分组,进而确定中国与各国的合作领域。中国与西方不同,中国没有将经济和意识形态捆绑到一起。不过与中国合作的具体条件是非常严格的:中国提供贷款的条件是要购买中国公司的产品和服务。此外,中东欧认为,由于中国想赢得"经济超级大国"的形象,所以喜欢提出宏大的计划,然而这些计划常常不会实现。[①]

二 俄方对俄罗斯与"16＋1 合作"的看法

1. "16＋1 合作"离不开俄罗斯与欧亚经济联盟。[②]

2013 年"一带一路"倡议提出后,"16＋1 合作"在合作方向上涵盖在"一带一路"之内。面对中国与中东欧国家的多层次、多平台合作,俄罗斯学者认为俄罗斯和欧亚经济联盟也应当参与进来,中欧战略合作离不开俄罗斯和欧亚经济联盟。目前开设的 11 条中欧班列均途经俄罗斯和欧亚经济联盟。欧亚经济联盟空间内的稳定有利于"16＋1合作"和"一带一路"的建设。中东欧国家与俄罗斯之间

---

① Как Китай, "форматирует" Европу, http：//gazeta. zn. ua/international/kak-kitay-formatiruet-evropu-_ . html.

② Стратегическое партнёрство Китая и Европы невозможно без России, http：//www. rubaltic. ru/article/ekonomika-i-biznes/071116-kitay-es-rossiya/.

的关系对"16＋1合作"的顺利进行也有不小的影响。

2. 中东欧国家的反俄立场不利于"16＋1合作"。

2014年克里米亚脱乌入俄事件发生后，西方国家开始对俄罗斯实施制裁，俄罗斯与西方关系急转直下。面对俄罗斯当前不利的国际环境，其国内出现了一种声音：中国与东欧的合作将有助于俄罗斯与西方的关系实现正常化，并缓和某些东欧国家和波罗的海三国尖锐的反俄立场。不过俄罗斯学者认为：由于中国不可能且不准备为东欧国家提供军事保护，所以东欧国家的外交政策仍将取决于北大西洋联盟。俄罗斯不能指望通过中国来让东欧国家改变对俄政策。

俄方学者指出东欧国家需要改变对俄立场。中东欧国家不仅阻碍欧盟与俄罗斯的合作，甚至呼吁其西方盟友不要承认欧亚经济联盟。中东欧国家尤其是波罗的海三国打算搞好中国与欧盟的战略伙伴关系，但却在破坏欧盟与俄罗斯的战略伙伴关系，实行"遏制俄罗斯"的政策。中东欧国家与中国开展运输和物流合作是不可能越过俄罗斯的，中东欧国家尤其是波罗的海三国实行"遏制俄罗斯"政策不利于中欧合作的发展。[①]

2015年"21世纪丝绸之路经济带"与"欧亚经济联盟"实行对接后，中国通过"欧亚经济联盟"（哈萨克斯坦—俄罗斯—白俄罗斯）可以和欧盟直接连通。俄方学者

---

① Стратегическое партнёрство Китая и Европы невозможно без России, http：//www. rubaltic. ru/article/ekonomika-i-biznes/071116-kitay-es-rossiya/.

表示，波罗的海三国的政客将欧亚经济联盟一体化称为
"克里姆林宫帝国野心复活"显然是不合适的。波罗的海三
国只有两个选择：一是放弃反俄政策，加入洲际物流项目；
二是继续"遏制俄罗斯"的政策，那么中国商品将无法进
入波罗的海国家的港口和铁路。俄罗斯与中国和欧盟之间
良好的战略伙伴关系符合波罗的海三国的国家利益，不过
俄罗斯与欧盟和中国接近却不符合波罗的海三国政治精英
的个人利益。华盛顿十分重视波罗的海三国的地缘政治缓
冲作用，并赋予其揳入俄欧关系，离间俄欧的使命。目前
波罗的海三国的政治家并未表现出要为国家和人民的利益
牺牲自己的意愿。波罗的海三国与中国的战略合作也未必
会扭转这种局面。①

三　中国如何应对俄罗斯对待
"16＋1合作"的态度

第一，中东欧地区是欧盟与俄罗斯两大政治板块的碰
撞挤压区域，中国与中东欧国家的合作势必会引发欧盟和
俄罗斯的非议。中国应该做好充分的准备应对来自欧盟和
俄罗斯双方的压力。

俄罗斯外交以实现国家利益最大化为主要目的，依旧

---

① Стратегическое партнёрство Китая и Европы невозможно без России,
http://www.rubaltic.ru/article/ekonomika-i-biznes/071116-kitay-es-rossiya/.

秉持地缘政治观念。俄罗斯将中东欧地区视为战略缓冲地带，中东欧国家的一举一动俄罗斯必然会关注，所以俄罗斯戴着有色眼镜来看"16＋1 合作"并不足为奇。中国与中东欧国家的合作过程必然会有曲折，应当做到以我为主，避免受到他国的影响。

第二，俄罗斯与西方关系的恶化影响到了中国与中东欧国家的合作。目前俄罗斯与西方关系仍未有根本性的好转，欧盟至今没有取消对俄罗斯的制裁，不过欧盟内部对制裁俄罗斯问题存有分歧，并非铁板一块。中国在欧盟与俄罗斯之间不宜选边，还需静待其变。

第三，中国在俄欧之间要做到有所为有所不为。中国无力改变俄欧关系现状，但是中国仍可以通过行动达成自己的目标。2015 年"21 世纪丝绸之路经济带"与"欧亚经济联盟"的对接表明俄罗斯有意愿加入"一带一路"的建设中来，这对中国与中东欧合作是一个有利条件。2016 年白俄罗斯作为观察员国参加了"16＋1 合作"里加峰会，这是中国做出的一次尝试。白俄罗斯地理位置关键，是连接俄罗斯与东欧的关键节点。中国将其拉入"16＋1 合作"可以更好地实现中东欧国家与"欧亚经济联盟"的联结，加强中国与中东欧国家的互联互通。

第四，俄罗斯是建设"一带一路"不可或缺的一块拼图，哈萨克斯坦—俄罗斯—白俄罗斯—波兰是从中国到欧洲最为稳妥的陆上线路。俄罗斯是中国的全面战略协作伙伴，"21 世纪丝绸之路经济带"与"欧亚经济联盟"的对接表明了中俄两国在建设"一带一路"上已经达成了共识。中俄两国以平等互利为基础,良好的中俄关系有利于中国"一带一路"战略的顺利实施。

捷克当前国内政治动态分析

鞠维伟，中国社科院欧洲研究所
中东欧研究室助理研究员

捷克共和国将于 2017 年 10 月举行议会下院选举。根据捷宪法规定，获得议会下院多数席位的政党或政党联盟可组建政府。2018 年 1 月，捷克将举行新一届总统大选，捷克总统大选实行直接选举。目前，捷克国内已经开始关注议会和总统选举的情况。

一　捷克议会下院选举前瞻——ANO2011 运动党在民调中领先

捷克本届众议院于 2013 年 10 月选举产生，社会民主党在选举中获胜，并与 ANO2011 运动党、基督教民主联盟—捷克斯洛伐克人民党组成中左三党联合政府，社会民主党主席博胡斯拉夫·索博特卡（Bohuslav Sobotka）担任总理，ANO2011 运动主席安德烈·巴比什（Andrej Babis）担任副总理兼财政部部长。

目前，根据捷克有关机构 2017 年 2 月 16 日发布的最新民意调查结果显示，ANO2011 运动党获得支持率最高，达到 28.5%，大幅度领先于其他政党。支持率排在第二位的是社会民主党，为 17.9%，比上月提升 2.1 个百分点。支持率排在第三位的是捷克共产党，为 12.1%；第四位的是公民民主党，支持率为 9.8%；第五位的是基督教民主联盟，支持率为 6.5%。

ANO2011 运动党由捷克亿万富豪、食品制造业、传媒业巨头巴比什创建。他在上一次的议会选举中打出的口号是打击腐败，增加就业、支持企业经营及降低增值税。2012 年，该党曾参加参议院和地方选举，未有斩获。2013 年在众议院选举中异军突起，一举成为众议院第二大党。2016 年下半年以来，该党的民意调查支持率一直领先于其他政党，基本维持在 25% 以上。根据目前的情势判断，ANO2011 运动党虽然支持率最高，但是今后进一步增长的可能性不大，在未来的议会下院选举中不太可能会获得半数以上（超过 100 个）的席位，应该会继续与其他党派——特别是社会民主党组成联合政府。作为该党的主席，现任副总理兼财政部部长巴比什有可能出任新政府的总理。

二 捷克总统选举前瞻——泽曼优势明显

捷克将于 2018 年 1 月举行总统大选，现任总统米洛什·泽曼（Miloš Zeman），于 2013 年赢得总统大选，任期 5 年。他已经表示将要竞选连任。根据捷克媒体以及相关调查机构的看法，泽曼在捷克国内的支持率一直较高，特别是 2016 年下半年以来，其支持率明显高于其他对手。目前，支持率仅次于泽曼的总统竞选者是米克尔·霍拉塞克（Michal Horáček），他是捷克知名诗人、作家和记者，于 2016 年 4 月宣布参加总统竞选，11 月组建了自己的竞选班底。但是，根据各种调查来看，霍拉塞克的支持率都远低于泽曼，其政治经验以及影响力远不及泽曼。

泽曼上次赢得大选，主要是得益于捷克农村、小城镇地区选民以及中下层选民的支持。当选总统后，泽曼表现出了明显的民粹主义特征。他公开支持和赞扬捷克中下阶层人民，有意针对精英阶层，有捷克评论家认为，他这是有意将捷克社会分裂成了"平民"和"精英"两个对立阶层。泽曼当选总统后也曾公开指责其他政客，和媒体的关系也不好，经常辱骂媒体记者，在接受采访时饮酒、说脏话，并且明确表示拒绝改正这些习气。在外交政策上，他是欧盟国家中少有的支持改善与发展俄罗斯关系的领导人。在对待欧洲难民危机的问题上，泽曼属于强硬派，一方面坚决反对欧盟给捷克分摊接受难民的名额,一方面要求欧盟加强边境管制,防止中东地区的穆斯林难民进入本国。在对待特朗普的态度上,泽曼也是欧盟国家领导人中少有的"亲特朗普"人士之一。早在 2016 年 11 月美国大选结果公布前,泽曼就公开表示支持特朗普当选。特朗普赢得大选后,泽曼在发表一份简短的声明中表示,非常高兴看到特朗普的胜选,称自己与特朗普在反恐和移民问题上立场一致。因此有捷克学者称泽曼是"捷克的特朗普"。泽曼已经于 2017 年 4 月赴美会见特朗普。

当前,欧洲民粹主义、极右翼主义盛行的社会风气下,泽曼的这种民粹主义"做派"对于赢得捷克中下层选民的支持是较为有利的。而捷克精英阶层,特别是知识界和媒体界指责泽曼具有"反穆斯林"倾向,并在乌克兰问题上偏向俄罗斯,甚至与欧洲的"新纳粹分子"有瓜葛。未来捷克精英对泽曼的反感可能会体现在其国内的主流媒体报道上,特别是总统大选临近,反对泽曼的声音会更强烈。

三　泽曼与巴比什的复杂关系

ANO2011 运动党目前发展势头正猛,其领导人巴比什很有可能成为下一届新政府的总理,他和泽曼的关系也非同寻常。捷克众院原本于 2016 年 11 月通过了一项法案,禁止内阁官员拥有媒体公司。同时,内阁官员持股超过 25%

的公司将不得承揽公共项目、不得获得某些补贴或资助。总统泽曼否决了这项法案，但众议院2017年1月份再次以129票对49票的结果推翻了泽曼的否决。这项法案被认为主要针对现任财政部部长的巴比什，因为他旗下公司超过250家，涉及行业众多，包括媒体、林业、化学、食品、医药，雇员超过3万人，是捷克最大的私营雇主。在2016年11月的众院表决中，只有巴比什的ANO2011运动党成员和一些独立议员投反对票。

泽曼在这一事件上力挺巴比什，他不仅否决了法案，而且在议会推翻他的否决后又把该法案拿到宪法法院去上诉。捷克舆论分析，该法案得到了社会民主党的支持，目的是限制巴比什利用自身财力——特别是在传媒业的影响力来获取议会选举的胜利。泽曼力挺巴比什的决心如此之大，相当于公开在联合政府内的ANO2011运动党和社会民主党的党派斗争中，站在了巴比什一边。对此，巴比什应该有所回报，有传言称巴比什向泽曼表示，自己不会支持任何泽曼的总统竞选对手。由于巴比什是捷克第二富豪，且拥有实力强大的媒体公司，这种表态很有利于泽曼在竞选中的宣传活动。

泽曼支持巴比什的动机还不止于此，有捷克政治学家认为，泽曼曾于1993年开始担任社会民主党的主席，在他的努力下社会民主党在1998年赢得议会选举，泽曼本人则出任政府总理。泽曼曾在2003年参加总统选举，但是由于党内发生分歧没有得到充分的支持，他败给了竞争对手，这使得他对社会民主党心灰意冷，愤然退出该党并另外组建了公民权利党。由于泽曼与社会民主党复杂的历史关系，捷克学者猜测泽曼支持 ANO2011 运动党的目的就是打击、削弱社会民主党的力量，进而利用 ANO2011 运动党加强对议会的影响力，所以说社会民主党主席、现任总理索博特卡在议会选举中最大的对手不是巴比什，而是泽曼。

通过支持巴比什，泽曼会加强其在外交政策领域的影响力。一旦 ANO2011 运动党赢得议会选举，巴比什出任总理，泽曼可以通过新的政府来实现自己在移民、欧盟政策、对俄政策方面的意愿。在这种情况下，捷克未来新政府疑欧主义、反移民倾向将更加明显，捷克与欧盟的关系将变得更加复杂和难以预料。

对于巴比什来说，与泽曼的合作可以得到更多政治方面的支持。巴比什目标不仅在于当选总理，有可能在成为总理后进而朝着总统的位置前进。有捷克评论家分析称，巴比什可以在总理任期快结束的时候辞掉总理，然后参选总统，而此时泽曼作为仍在任上的总统，可以给予巴比什政治方面的支持，或者至少传授一些竞选总统的经验和建议。捷克学者认为，泽曼与巴比什的合作开启了政商勾结的进程。泽曼给予巴比什政治支持，巴比什则利用自身雄厚的财力以及手下的传媒帝国，在竞选总统方面给予泽曼帮助。更为严重的是，泽曼利用总统职权公开地支持一个政党，这对政党政治来说是一种破坏行为，会打破捷克国内的政治生态平衡。

四 未来选举结果对中捷关系的影响

如果 ANO2011 运动党赢得议会选举，泽曼赢得连任总统，从当前的情况来看，这都不会代表捷克对华政策发生太大的影响。泽曼就任总统以来，坚持对华友好政策。泽曼在外交方面较为务实，呼吁加强与俄罗斯的关系，在对华政策上摒弃"价值观"外交，积极发展与中国的政治、经贸、人文等各方面的关系。捷克实行多党议会民主制，作为总统，泽曼并不能直接制定国家政策和行使行政权力，但是他充分利用作为国家元首的影响力对捷克的社会发展、外交政策方面产生作用。从中国与捷克关系发展的立场上看，泽曼连任下一届总统是对中国较为有利。

巴比什以提升捷克经济发展、打击腐败作为其领导下政党的口号。作为商人出身，巴比什可能从更加务实的角度考虑对华关系。当前中捷关系发展迅速，两国建立了战略伙伴关系，并在"16 + 1 合作"下各领域交往愈加密切。与中国发展良好的关系有利于捷克本国的经济发展，且在疑欧主义抬头的政治环境下，捷克需要寻求更广阔的市场和投资来源地。因此，未来新的捷克政府将以合作务实的态度来继续执行当前积极发展对华关系的政策。

当前捷克国内媒体、知识分子对于泽曼的民粹主义做派以及与巴比什之间"不当"的政商关系有所不满，在临近大选时这种情绪将会在一些捷克的媒体报道和时政评论上体现出来。中国有关方面应对可能出现的这种负面报道、评论有清醒的认识，防止跟随捷克国内媒体口风，做出不当判断。

作者介绍

黄平，社会学博士、研究员，中国社会科学院欧洲研究所所长，兼任中国—中东欧国家智库网络秘书长、中国—中东欧研究院院长、欧洲国际跨文化研究所联合主席、中华美国学会会长，任《欧洲研究》《欧洲蓝皮书》《美国蓝皮书》主编。

黄平的研究领域包括社会发展、全球化与中国道路、多元现代性、中美关系、欧洲社会等，主要著作包括：《未完成的叙说》、《误导与发展》、《梦里家国：社会发展，全球化，中国道路》、《我们的时代：现代中国从哪里来、到哪里去?》（与韩毓海、姚洋合著）。主编过《与地球重新签约》、《公共性的重建》（上、下册）、《本土全球化》、《华侨华人在中国软实力建设中的作用》、《中国与全球化：华盛顿共识还是北京共识?》（与崔之元合编）、《面对面的距离》、《中欧关系与"一带一路"》（与赵晨合编）、*China CEEC Cooperation and the Belt and Road Initiative*、*The Stakeholders in China CEEC Cooperation*（与刘作奎合编）等。

　　刘作奎，中国社会科学院欧洲研究所研究员，中东欧研究室主任，16＋1智库网络秘书处办公室兼中国—中东欧研究院驻京办公室主任。兼任国务院发展研究中心、中国国际问题研究基金会、北京外国语大学区域与全球发展研究院研究员，中国公共外交协会专家委员会指导委员。主要研究领域：中东欧问题、"16＋1合作"、中欧关系、"一带一路"等。专著成果有：*Europe and the Belt and Road Initiative*（2016）、《国家构建的欧洲方式：欧盟对西巴尔干国家政策研究》（2015）、《英国对欧洲大陆外交政策的历史和政治学分析》（2016）等，发表学术论文50余篇，目前主持国家社科基金、外交部、国家发展和改革委员会、国家开发银行、宁波市政府等课题项目多项。